AF313105

Librairie d'Architecture de **BANCE**, Éditeur,
rue Bonaparte, 13, à Paris.

ÉGLISES

DE

BOURGS ET VILLAGES

PAR

A. DE BAUDOT,

ARCHITECTE

ÉLÈVE DE M. VIOLLET-LE-DUC.

De tous côtés, en France, on élève des églises ; dans les grandes villes comme dans les villages, les ruines ou les granges qu'on voulait décorer du nom de Maison de Dieu font place à des édifices neufs. Les horizons se peuplent de pointes de clochers ; chaque commune, si pauvre qu'elle soit, veut avoir le sien. Malheureusement ce zèle n'est pas toujours couronné de succès, et bon nombre d'églises que nous avons vu élever depuis une quinzaine d'années ont déjà dû être reconstruites. C'est qu'en effet, il est fort difficile d'élever une église d'un aspect convenable sans y mettre une somme assez importante ; et souvent les communes, comme les architectes, se sont laissés entraîner à sacrifier la solidité à l'apparence. Il est certain cependant que si un monument doit être durable, c'est l'église, l'église du village surtout, qui est le témoin et le centre de tous les événements publics ou privés auxquels se rattachent les souvenirs de la commune.

Souvent on a demandé aux administrations qui, par leurs conseils et leurs secours, contribuent à l'érection des églises communales en France, des modèles de projets, des types qui pourraient servir de guides aux constructeurs locaux. Mais ce n'est pas à l'administration à fournir ces éléments ; l'église est ou doit être une œuvre d'art ; il est dès lors convenable de laisser à ceux qui sont chargés de ces sortes de travaux une entière liberté. Toutefois nous avons pensé que beaucoup d'architectes verraient avec intérêt et peut-être avec fruit comment leurs devanciers avaient pu élever à peu de frais ces charmants édifices religieux qui sont encore debout, bien qu'ils aient été élevés, il y a six siècles au moins, avec de faibles moyens. Beaucoup d'ouvrages ont donné des monographies plus ou moins complètes de nos cathédrales et de nos églises au moyen âge ; mais il manque, pour les constructeurs appelés à élever des édifices modestes, un recueil de ces anciennes églises de villages que l'on trouve éparses encore dans les environs de Paris, en Bourgogne, en Champagne et en Brie ; édifices bien conçus toujours, exécutés avec des ressources minimes, d'un aspect gracieux et original, commodément disposés et durables.

Nous nous sommes donc imposé la tâche de former un recueil de plusieurs de ces petits monuments les plus remarquables et pouvant servir de types encore aujourd'hui pour nos constructions religieuses. S'il ne s'agit pas de reproduire exactement ces types, du moins pourront-ils servir de point de départ pour faire mieux ; ce recueil sera déjà utile, s'il permet de faire aussi bien que par le passé.

Cet ouvrage étant fait dans un but beaucoup plus pratique qu'archéologique, nous avons, dans le texte relatif à chaque exemple, insisté davantage sur le système général de construction, sur l'emploi, la nature des matériaux et tenté d'indiquer les modifications qu'il serait nécessaire d'apporter dans des conceptions nouvelles.

Grâce à l'obligeance de plusieurs architectes qui ont bien voulu nous communiquer leurs dessins, nous compléterons ce recueil par la publication de quelques églises modernes ; ces constructions inspirées de l'architecture du moyen âge feront voir quelle application on peut en faire aujourd'hui tant sous le rapport de la composition que sous celui des moyens d'exécution. Il sera joint à chacune d'elles un extrait du devis.

Parmi les églises anciennes comme parmi les modernes, nous avons cherché à réunir des exemples variés : 1° au point de vue des dispositions générales, en présentant des églises à une et à trois nefs, couvertes soit par des charpentes apparentes, soit par des voûtes en berceau, soit par des voûtes en arc ogives;

2° Au point de vue de la pratique, en donnant des exemples de construction en bois, moellon, pierre de grand et petit appareil et brique.

Le texte de chaque monographie contiendra donc un devis descriptif donnant le cube des matériaux employés. Pensant qu'il serait inutile d'y joindre les prix de détail, nous avons donné un chiffre total basé sur les prix de localité.

Il n'est pas nécessaire de décrire ici tout le soin que nous apporterons dans la bonne exécution des dessins et de la gravure de cette publication. *Élève de M. Viollet-le-Duc, l'auteur fera tous ses efforts pour se rendre digne de ce précieux titre.*

L'ouvrage se composera de 30 monographies. dont 20 consacrés aux monuments anciens.

Chaque monographie sera publiée en une livraison de 5 planches et accompagnée d'un texte. Quelques bois seront intercalés dans le texte. Ces 30 livraisons formeront 2 volumes de 75 planches chacun.

Prix de la livraison pour les souscripteurs à l'ouvrage complet, 4 fr.

Chaque monographie vendue séparément, 6 fr.

La première monographie paraîtra le 1ᵉʳ novembre; les suivantes, une ou deux par mois.

LA SAINTE-CHAPELLE DE PARIS

APRÈS LES RESTAURATIONS

Par **MM. DUBAN ET LASSUS**, Architectes.

1 vol. in-folio de 64 planches gravées et 12 chromo-lithographies
cartonné : 45 fr.

ÉGLISE SAINT-EUSTACHE A PARIS

PAR

M. V. CALLIAT, architecte.

1 vol. in-folio de 11 planches et texte, 25 fr. ; cartonné, 30 fr.

DESCRIPTION ARCHÉOLOGIQUE

DES

MONUMENTS DE PARIS

PAR M. DE GUILHERMY.

1 vol. in-12 de 400 pages illustrées de 15 gravures sur acier, de 22 dessins
sur bois et d'un plan de Paris. 6 fr

DESCRIPTION DE NOTRE-DAME

(CATHÉDRALE DE PARIS)

PAR MM. DE GUILHERMY ET VIOLLET-LE-DUC.

1 vol. in-12, illustré de 5 vignettes gravées sur bois. 3 fr.
ÉDITION DE LUXE, grand in-8°. 5 fr.

PARIS.—IMPRIMÉ CHEZ BONAVENTURE ET DUCESSOIS, 55, QUAI DES AUGUSTINS.

BANCE, ÉDITEUR, RUE BONAPARTE, 13.

ÉGLISES

DE

BOURGS ET VILLAGES

PAR

A. DE BAUDOT,

ARCHITECTE

ÉLÈVE DE M. VIOLLET-LE-DUC.

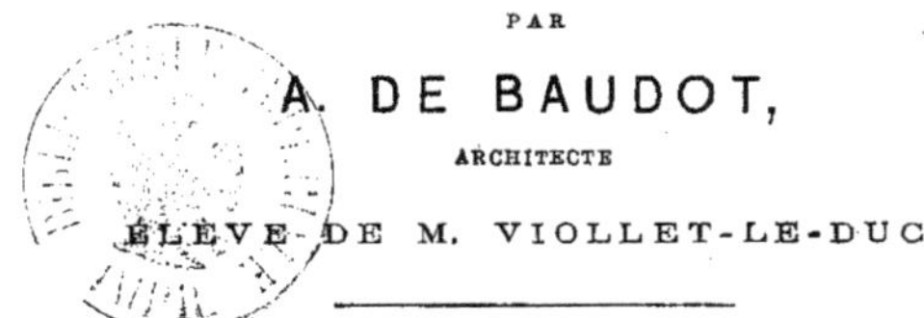

De tous côtés, en France, on élève des églises; dans les grandes villes comme dans les villages, les ruines ou les granges qu'on voulait décorer du nom de Maison de Dieu font place à des édifices neufs. Les horizons se peuplent de pointes de clochers ; chaque commune, si pauvre qu'elle soit, veut avoir le sien.

Nous nous sommes donc imposé la tâche de former un recueil de plusieurs de ces petits monuments les plus remarquables et pouvant servir de types encore aujourd'hui pour nos constructions religieuses. S'il ne s'agit pas de reproduire exactement ces types, du moins pourront-ils servir de point de départ pour faire mieux ; ce recueil sera déjà utile, s'il permet de faire aussi bien que par le passé.

Grâce à l'obligeance de plusieurs architectes qui ont bien voulu nous communiquer leurs dessins, nous compléterons ce recueil par la publication de quelques églises modernes; ces constructions inspirées de l'architecture du moyen âge feront voir quelle application on peut en faire aujourd'hui tant sous le rapport de la composition que sous celui des moyens d'exécution. Il sera joint à chacune d'elles un extrait du devis.

Parmi les églises anciennes ou modernes, nous avons cherché à réunir des exemples variés : 1° au point de vue des dispositions générales, en présentant des églises à une et à trois nefs, couvertes soit par des charpentes apparentes, soit par des voûtes en berceau, soit par des voûtes en arcs ogives ; 2° au point de vue de la pratique, en donnant des exemples de construction en bois, moellon, pierre de grand et petit appareil et brique.

Le texte de chaque monographie contiendra un devis descriptif donnant le cube des matériaux employés, et pensant qu'il serait inutile d'y joindre les prix de détail, nous avons donné un chiffre total basé sur les prix de localité.

L'ouvrage se composera de 30 monographies, dont 20 consacrées aux monuments anciens. Chaque monographie est publiée en une livraison de 5 planches grand in-4° raisin, accompagnée d'un texte illustré de bois. Ces 30 livraisons formeront 2 volumes de 75 planches chacun.

Prix de la livraison pour les souscripteurs à l'ouvrage complet,   4 fr.

Chaque monographie vendue séparément,   6 fr.

Monographies parues :

Église de Mareilles (Seine-et-Oise).

Eglise de Nesles (Seine-et-Oise).

Eglise de Frouville (Seine-et-Oise).

Eglise de Saint-Sauveur (Hautes-Pyrénées).

Eglise de Fontenailles (Seine-et-Marne).

Eglise de Châteauneuf (Saône-et-Loire).

Encyclopédie d'Architecture, journal mensuel, par MM. Victor Calliat et Ad. Lance, Architectes du gouvernement.

Un an, 120 planches et texte.	25	»
Six mois, du 1ᵉʳ janvier au 1ᵉʳ juillet. . . .	13	»
Étranger, 30 fr. — Espagne, 35 fr.		
Prix de chaque année séparément, dans un carton.	30	»
La troisième année seule	35	»
Les onze années publiées (1850 à 1861), composées de 1340 planches gravées et chromolithographiées par les meilleurs artistes de Paris, avec plus de 900 pages de texte (1,800 colonnes), en couvertures	280	»
—En portefeuille	288	75
—Reliées demi-maroquin , texte et planches montées sur onglet.	357	»

ÉGLISES

DE

BOURGS ET VILLAGES

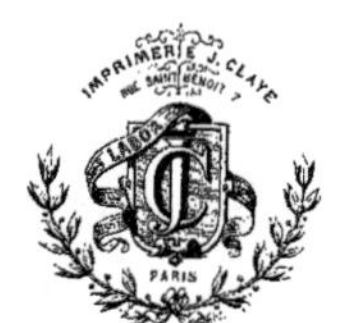
IMPRIMERIE J. CLAYE
RUE SAINT-BENOIT, 7
PARIS

ÉGLISES

DE

BOURGS ET VILLAGES

PAR

A. DE BAUDOT

ARCHITECTE

ÉLÈVE DE M. VIOLLET-LE-DUC

TOME PREMIER

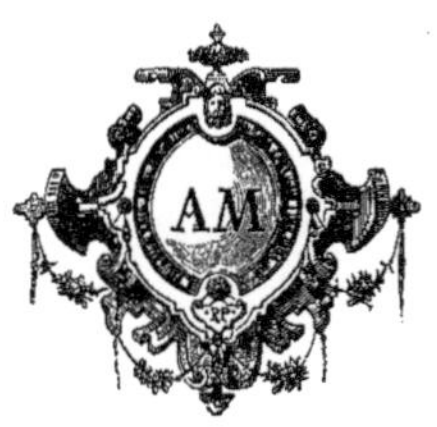

PARIS

A. MOREL, LIBRAIRE-ÉDITEUR

13, RUE BONAPARTE, 13

M DCCC LXVII

AVANT-PROPOS

De tous côtés, en France, on élève des églises; dans les grandes villes comme dans les villages, les ruines ou les granges qu'on voulait décorer du nom de *Maison de Dieu* font place à des édifices neufs. Les horizons se peuplent de pointes de clochers; chaque commune, si pauvre qu'elle soit, veut avoir le sien. Malheureusement ce zèle n'est pas toujours couronné de succès, et bon nombre d'églises que nous avons vu élever depuis une quinzaine d'années ont déjà dû être reconstruites. C'est qu'en effet il est fort difficile d'élever une église assez convenable sans y mettre une somme assez importante; et souvent les communes, comme les architectes, se sont laissé entraîner à sacrifier la solidité à l'apparence. Il est certain cependant que si un monument doit être durable, c'est l'église, l'église du village surtout, qui est le témoin et le centre de tous les événements publics ou privés auxquels se rattachent les souvenirs de la commune.

Souvent on a demandé aux administrations qui, par leurs conseils et leurs secours, contribuent à l'érection des églises communales en France, des modèles de projets, des types qui pourraient servir de guides aux constructeurs locaux. Mais ce n'est pas à l'administration à fournir ces éléments; l'église est ou doit être une œuvre d'art: il est dès lors convenable de laisser à ceux qui sont chargés de ces sortes de travaux une entière liberté. Toutefois nous avons pensé que beaucoup d'architectes verraient avec intérêt et peut-être avec fruit comment leurs devanciers avaient pu élever à peu de frais ces charmants édifices religieux qui sont encore debout, bien qu'ils aient été élevés, il y a six siècles au moins, avec de faibles moyens. Beaucoup d'ouvrages ont donné des monographies plus ou moins complètes de nos cathédrales et de nos églises au moyen âge; mais il manque, pour les constructeurs appelés à élever des édifices modestes, un Recueil de ces anciennes églises de village que l'on trouve éparses encore dans les environs de Paris, en Bourgogne, en Champagne et en Brie; édifices bien conçus toujours, exécutés avec des ressources minimes, d'un aspect gracieux et original, commodément disposés et durables.

Nous nous sommes donc imposé la tâche de former un Recueil de plusieurs de ces petits monuments les plus remarquables et pouvant servir de types encore aujourd'hui pour nos constructions religieuses. S'il ne s'agit pas de reproduire exactement ces types, du moins pourront-ils servir de point de départ pour faire mieux; ce Recueil sera déjà utile s'il permet de faire aussi bien que par le passé.

Cet ouvrage étant fait dans un but beaucoup plus pratique qu'archéologique, nous avons, dans le texte relatif à chaque exemple, insisté davantage sur le système général de construction, sur l'emploi, la nature des matériaux, et tenté d'indiquer les modifications qu'il serait nécessaire d'apporter dans des conceptions nouvelles.

Grâce à l'obligeance de plusieurs architectes qui ont bien voulu nous communiquer leurs dessins, nous complétons ce Recueil par la publication de quelques églises modernes; ces constructions, inspirées de l'architecture du moyen âge, feront voir quelle application on peut en faire aujourd'hui, tant sous le rapport de la composition que sous celui des moyens d'exécution. Il a été joint à chacune d'elles un extrait du devis.

Parmi les églises anciennes ou modernes, nous avons cherché à réunir des exemples variés:

1º Au point de vue des dispositions générales, en présentant des églises à une et à trois nefs, couvertes soit par des charpentes apparentes, soit par des voûtes en berceaux, soit par des voûtes en arcs ogives;

2º Au point de vue de la pratique, en donnant des exemples de construction en bois, moellon, pierre de grand et petit appareil et brique.

INTRODUCTION

Parmi les emprunts que l'Architecture moderne fait de toutes parts aux œuvres du passé, elle puise, en apparence du moins, d'une façon toute particulière et presque absolue, en matière de constructions religieuses, ses expressions et ses formes dans l'art du moyen âge. Tout en déplorant le procédé éclectique dont use notre temps, et sans vouloir le préconiser en faveur de l'art gothique ou roman, il faut cependant reconnaître que son application s'explique et se justifie dans ce cas par l'analogie qui existe, en tant que dispositions générales, entre les églises du treizième siècle et celles que demandent les programmes modernes; partant on ne peut nier l'opportunité des études, si utiles d'ailleurs à tant de titres, des édifices du moyen âge.

C'est donc sous l'empire de cette conviction que nous avons étudié et réuni les exemples les plus intéressants parmi les petits édifices de cette époque, et que nous en avons formé un Recueil destiné à les vulgariser, à en montrer l'esprit et à en faire ressortir le côté utile.

Dans le choix de ces exemples, peut-être s'étonnera-t-on de ne pas rencontrer de constructions appartenant aux quinzième et seizième siècles, et nous reprochera-t-on d'avoir, par cette exclusion, renfermé l'ouvrage dans des limites trop étroites; il nous donc faut répondre par avance à cette objection. En créant cette publication,

notre pensée n'a pas été de fournir des ensembles à reproduire et des formes à copier, mais uniquement de faire ressortir les principes qui, au double point de vue
de la structure et de l'aspect, ont guidé les artistes du moyen âge dans la conception
des édifices qu'ils nous ont laissés. Or, aux quinzième et seizième siècles, les monuments religieux, tout en étant conçus dans le même esprit que ceux du treizième
siècle et en présentant des dispositions générales analogues, ne se prêtent pas
d'une façon aussi saillante à l'étude des principes, parce que ceux-ci disparaissent
derrière les détails multipliés à l'infini et les formes tourmentées qui caractérisent
cette période de l'art gothique. D'ailleurs, ces édifices affectent un caractère de richesse incompatible avec les exigences des programmes actuels dont la première
condition est l'économie, et pour cette raison leur étude peut être, sous un certain
rapport, plus dangereuse qu'utile, alors qu'il s'agit surtout d'édifices aussi simples
que doivent l'être ceux qui nous occupent.

Ceci posé voyons, en ce qui concerne les édifices religieux, quel rapport existe
entre les solutions nouvelles et celles du moyen âge et en quoi ces dernières peuvent nous être utiles. On considère assez généralement les formes ogivales comme
possédant le caractère qui convient aux édifices du culte catholique, et on en conclut
que le style gothique doit être adopté pour nos églises contemporaines. C'est là une
opinion qui ne peut être sérieusement défendue, puisque l'ogive se montre également
au moyen âge dans les constructions civiles et militaires qui sont loin de ressembler
à celles consacrées au culte, et à tout prendre, c'est un préjugé qui ne peut s'expli-
quer que par l'influence de la tradition; aussi laisserons-nous de côté ces considé-
rations assez vagues et sur lesquelles se sont engagées déjà tant de discussions,
pour n'envisager la question qu'au point de vue architectural. Si l'architecte prend
pour types les édifices du moyen âge, sous le prétexte que ceux-ci peuvent lui fournir le secret du caractère religieux, il devient forcément copiste ; s'il les prend au
contraire comme sujets d'étude, s'il en analyse la structure et les formes, il s'appro-
prie des principes toujours vrais qui laissent le champ libre à son imagination, et
le guident dans l'interprétation des programmes comme dans les moyens de réali-
sation.

Ce n'est pas à la forme des voûtes, aux profils ou à l'ornementation, que les
églises gothiques doivent de présenter le caractère de leur destination ; si elles
ont ce mérite, c'est qu'avant tout elles répondent pratiquement et logiquement au
programme posé; c'est à ce titre que leur étude peut être utile à l'architecte dans
ses créations nouvelles, et avec d'autant plus de raison que le problème envisagé
au point de vue pratique est aujourd'hui ce qu'il était au treizième siècle. Que doit
être en effet de notre temps une église pour répondre aux diverses exigences im-
posées : sa disposition doit être conçue de telle sorte que la circulation à l'intérieur

soit facile, que la lumière pénètre partout mais sans éclat, que l'accès et la vue du chœur et des chapelles soient bien ménagés; d'autre part, cette église doit présenter les garanties de durée et l'aspect digne et monumental que réclament sa nature et sa destination; voilà en résumé les conditions essentielles auxquelles doit satisfaire d'une manière absolue une construction de ce genre, quelles que soient son importance et sa richesse. Or, pour quiconque a visité quelques églises du moyen âge, fût-ce les plus modestes que possède encore la France, il est incontestable que les conditions énoncées plus haut ont préoccupé singulièrement les architectes du treizième siècle et qu'ils ont su les remplir de la façon la plus complète, eu égard aux matériaux et aux engins dont ils disposaient.

Certainement la solution du problème n'est pas parfaite dans tous les cas, mais, alors même que des tâtonnements et des erreurs se manifestent, le principe ne fait pas défaut.

Ceci reconnu, faut-il conclure qu'il nous suffit de faire un choix de bons exemples à reproduire, et de nous mettre à l'œuvre; certes non! L'industrie nous fournit aujourd'hui des matériaux inconnus alors, que nous devons nous efforcer d'utiliser, et dont l'emploi exige forcément des solutions nouvelles; mais il est utile, sinon indispensable, d'étudier les œuvres de nos devanciers et de chercher à se rendre compte des principes à l'aide desquels ils ont su atteindre le but.

Ce qu'il y a de remarquable dans les monuments de cette époque, c'est que chacun d'eux est basé sur un système général de construction conçu en raison des dimensions de l'édifice et de la nature des matériaux; c'est ainsi qu'une petite église n'est pas la réduction d'une grande et que le caractère architectural varie suivant les provinces. Qu'une église soit voûtée ou couverte par une charpente apparente, l'aspect résulte logiquement du parti pris qui s'accuse franchement tant à l'intérieur qu'à l'extérieur; chaque membre de l'architecture exprime une fonction et un besoin satisfait: entre les formes et la structure, l'harmonie est complète.

Avant tout, les constructeurs gothiques étaient raisonneurs et praticiens; mais ces tendances (qu'on se plaît aujourd'hui à qualifier de matérialistes), loin d'étouffer chez eux le sentiment de l'art, les guidaient au contraire sérieusement et les ont amenés à trouver des expressions artistiques d'un mérite incontestable. Aussi leurs œuvres nous fournissent-elles un enseignement fécond que notre temps ne saurait trouver si complétement ailleurs, et d'autant plus précieux qu'il n'est pas exclusif.

Pour contester le service que peuvent nous rendre aujourd'hui, en fait d'art et notamment en ce qui concerne les édifices religieux, les efforts faits par les artistes de cette époque et les résultats surprenants auxquels ils sont arrivés, il faut être aveugle ou avoir intérêt à nier l'évidence. Voilà des années qu'on a la prétention, en France, d'élever des églises en style gothique, et cependant, à part de fort rares exceptions, les créations nouvelles ne sont, il faut en convenir, que des bâtisses insignifiantes et bien inférieures surtout aux types pris pour exemples.

Cette infériorité si frappante vient de ce que les architectes se contentent de copier des formes et de procéder sans analyse, à l'égard de l'art gothique, comme on le fait depuis plus de deux siècles à l'égard de l'antiquité. Dans la plus grande partie de nos églises modernes, le système raisonné de construction n'existe pas. Si l'édifice est voûté, ce n'est pas dans un but de solidité et de durée, mais simplement d'apparence; aussi dans cet ordre d'idées tous les moyens de construction, même les plus honteux, sont bons; avec des enduits sur le bois, la brique et le moellon, on simule la pierre; tout est faux et mensonger. Certainement les communes aujourd'hui ne peuvent consacrer à la construction de leurs églises que des sommes relativement restreintes, et pour ce motif, la solution du problème est peut-être plus difficile qu'elle l'a jamais été; mais ce n'est pas en sacrifiant tout à l'apparence qu'on en trouvera la solution, ce n'est pas surtout en procédant sans raisonnement qu'on tirera parti de l'art du moyen âge. Les constructeurs de cette époque avaient, avant tout, l'amour et le respect de la vérité en fait d'art; vouloir aujourd'hui emprunter à leurs œuvres sans observer ce principe absolu, c'est suivre une voie absurde et indigne de l'architecte.

Pour mettre à profit ces conceptions, il faut les étudier dans leur véritable sens et en comprendre l'esprit. Puissent les exemples que nous reproduisons dans ce Recueil faciliter les recherches et développer le goût de ces études si intéressantes et si utiles !

A. DE BAUDOT.

IMPRIMERIE DE L. TOINON ET C. A SAINT-GERMAIN

TABLE

ÉGLISE DE MAREILLES

DÉPARTEMENT DE SEINE-ET-OISE.

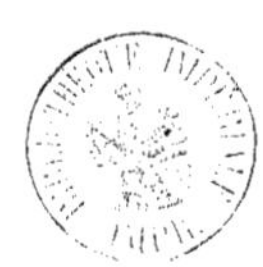

L'église de Mareilles a été élevée dans les premières années du XIIIᵉ siècle, sur l'emplacement d'une église romane dont le clocher seul a été conservé et englobé dans la nouvelle construction. Ce clocher est actuellement surmonté d'un étage moderne insignifiant, que nous n'avons pas reproduit; il nous serait difficile de dire s'il existait un deuxième étage dans l'origine, ou bien si la flèche en pierre couronnait immédiatement celui qui subsiste. Quoi qu'il en soit, nous avons préféré ne pas le restaurer, ayant d'ailleurs, dans le cours de cette publication, l'occasion de présenter divers exemples de flèches de la même époque; nous signalerons notamment le clocher de Bougival, qui est complet et offre beaucoup d'analogie avec celui de Mareilles.

L'église peut contenir cinq cents personnes; elle est dépourvue de transsept; son plan est simple et largement ouvert; on remarquera que la nef principale et les collatéraux sont renfermés dans une grande salle carrée (de 14 mèt. de côté); cette disposition est bien celle d'une église de village et se rencontre souvent au moyen âge. Le chœur est terminé par une abside polygonale dont la voûte s'élève moins que celle de la nef; un pignon, détruit aujourd'hui, marquait autrefois la différence de hauteur des deux combles. Deux chapelles sont situées aux extrémités des bas côtés, et se terminent carrément à l'abside; au-dessus de l'une d'elles s'élève le clocher desservi par un escalier dont la porte est extérieure. La situation de cette porte, loin d'être un inconvénient, est souvent une condition imposée dans la construction d'une église nouvelle; du reste le service des cloches peut également se faire de l'intérieur de l'église. La sacristie actuelle est mal placée et encombre l'abside ; elle serait mieux disposée latéralement à l'un des bas côtés. A part la sacristie, l'église de Marcilles peut être regardée comme complète, car si le clocher n'est pas en harmonie avec l'édifice, ce n'est qu'au point de vue archéologique ; il s'y relie parfaitement par la position qu'il occupe en plan et ses dimensions en élévation.

Ce petit édifice d'une bonne et élégante architecture est intéressant sous tous les rapports, mais la construction des voûtes mérite surtout d'être étudiée. Il est bien évident que l'architecte a cherché à réduire autant que possible l'élévation du monument, et il y est parvenu en conservant des proportions relatives très-satisfaisantes. Il suffit d'examiner la coupe transversale pour reconnaître que la naissance des voûtes hautes ne pouvait être placée plus bas relativement aux voûtes inférieures, du moment qu'il fallait réserver du jour au-dessus des combles des collatéraux. Ces jours, à la vérité, sont petits, mais ils suffisent à éclairer la partie supérieure des voûtes ; l'intérieur de l'église prend toute la lumière nécessaire par les fenêtres des bas côtés, l'abside et la rose de la façade principale. De la position de cette naissance résulte un système de construction bien simple, permettant d'éviter les arcs-boutants, la poussée des voûtes se trouve suffisamment contre-buttée par les arcs-doubleaux des bas côtés. Si d'un autre côté on remarque que la naissance des voûtes basses est située à 3 mètres au-dessus du sol, c'est-à-dire aussi bas que possible, il sera facile de reconnaître que la hauteur de la nef principale, et par suite celle de tout l'édifice, ne pouvait être réduite.

Ce fait bien établi, nous conclurons qu'il serait impossible d'élever sur le plan de l'église de Marcilles un édifice avec plus de simplicité et d'économie en employant la voûte gothique. Il est bien entendu qu'il ne s'agit ici que du système général de construction, car on pouvait certainement simplifier les détails sans nuire à l'ensemble du monument. Nous croyons, par exemple, que les formerets peuvent être supprimés, au moins sous les voûtes inférieures; un grand nombre de petites églises de la même époque en sont dépourvues sans que leur solidité en ait souffert. Leur emploi est mieux justifié pour les voûtes hautes, les murs gouttereaux ayant peu d'épaisseur et étant considérablement aidés par les roses et les baies donnant dans le comble des bas côtés.

Examinons maintenant la construction au point de vue pratique. Les architectes du moyen âge ont toujours tenu grand compte de la nature et de la dimension des matériaux ; aussi, sous ce rapport, ne pourrait-on assez étudier les œuvres qu'ils nous ont laissées.

Dans le monument qui nous occupe, comme d'ailleurs dans tous ceux de l'Ile-de-France élevés à la même époque, la pierre de grand appareil est peu employée, et seulement pour les piles isolées de l'intérieur, c'est-à-dire là où elle est indispensable, vu la faible section de ces points d'appui. Les murs et contre-forts[1] sont exécutés au moyen de carreaux de pierre faisant parements, reliés par un massif de moellons bruts. La figure ci-dessous donne le plan de deux assises superposées de l'un des angles de l'édifice.

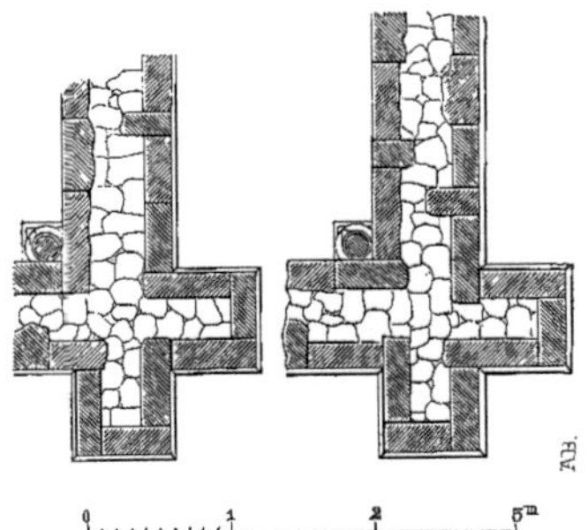

L'emploi de petits matériaux avait entraîné les constructeurs à donner une épaisseur assez considérable aux maçonneries ; cette épaisseur était bien motivée pour les contre-forts qui doivent présenter une masse très-résistante au droit de la poussée des voûtes, mais elle devenait inutile pour les murs dont, à la rigueur, le monument pouvait se passer avec le secours des arcs formerets ; aussi vers le milieu du XIIIe siècle, les architectes en ont-ils considérablement réduit la section relativement à celle des contre-forts. Si donc aujourd'hui nous voulions reconstruire l'église de Mareilles, nous nous contenterions de murs de 50 cent. au lieu de 76 cent., en modifiant, toutefois, la combinaison des maçonneries[2] ; en effet, dans un mur de 50 cent. il nous serait impossible d'employer deux parements de pierre ayant 20 à 25 cent. de queue en moyenne ; il nous faudrait ne monter que l'extérieur en pierre et l'inté-

---

[1] Voir le *Dictionnaire raisonné de l'Architecture*, au mot CONSTRUCTION, p. 11 et 51, où le genre de construction et les causes qui l'ont fait adopter sont traités tout au long.

[2] Il n'est question ici que des murs des bas côtés, le mur du pignon principal, ainsi que ceux de la nef haute, ne pourrait être modifié.

rieur en moellon enduit ; ce serait là d'ailleurs la seule modification à introduire pour obtenir une construction fort sage et peu coûteuse.

On ne saurait trop insister sur l'emploi de ce genre de bâtisse quand il s'agit de construire une église ; car certainement il est le plus économique, puisqu'il permet d'éviter les évidements et n'exige que des moyens très-simples pour le transport et la mise en place des matériaux.

Mais ce n'est pas toujours possible de l'appliquer, et dans bien des localités il faut y renoncer.

On comprend, en effet, que là où la pierre n'est pas envoyée de la carrière avec des dimensions déterminées, mais arrive en gros blocs sur les chantiers, les constructeurs ne peuvent la faire débiter en carreaux et sont alors obligés de bâtir en pleine pierre.

Dans ce cas, l'épaisseur des contre-forts, comme celle des murs, doit être réduite, sous peine d'élever une construction nullement raisonnée et inutilement dispendieuse ; encore arriverait-on à un cube énorme de pierre, et dans la plupart des circonstances faudrait-il en réduire considérablement le rôle, et la réserver pour les piles intérieures, les angles et contre-forts, les pieds-droits et arcs de fenêtres, et monter alors les remplissages soit en moellons piqués, soit en moellons bruts rejointoyés en mortier.

Dans notre devis, nous avons supposé la construction exécutée au moyen de carreaux et blocages, en introduisant la modification dont nous avons parlé plus haut, c'est-à-dire en réduisant à 50 cent. l'épaisseur des murs des collatéraux.

DEVIS SOMMAIRE.

	Quantités.	Prix.	Sommes.
Fouilles pour fondations, surface totale × 2 mètres de hauteur.	300ᵐ	3 »	900 »
Fondations en moellons de roche hourdés en mortier de sable de rivière et chaux hydraulique....................	245	20 »	4900 »

MAÇONNERIES EN ÉLÉVATION.

	Quantités.	Prix.	Sommes.
Pierre de grand appareil pour les quatro piles intérieures.....	10,60	110 »	1166 »
Carreaux de pierre dure.....................	75	100 »	7500 »
Carreaux de pierre tendre....................	395	70 »	27650 »
Moellons francs.....................	170	25 »	4250 »
Flèche en pierre.....................	30	150 »	4500 »
Taille layée à la bretture sur pierre dure et tendre, surface totale pour tout l'édifice....................	2200	5 »	11000 »
Voûtes, cube total, moellons taillés de 0,20 d'épaisseur........	50	30 »	1500 »

CHARPENTE.

	Quantités.	Prix.	Sommes.
Bois de chêne 1ʳᵉ qualité, cube total.....................	20	100 »	2000 »

COUVERTURE.

	Quantités.	Prix.	Sommes.
Ardoise, surface totale.....................	350	6 »	2100 »

VITRERIE MONTÉE EN PLOMB.

	Quantités.	Prix.	Sommes.
Verre blanc double pour toutes baies, tout compris...........	35	20 »	700 »

ÉVALUATIONS (¹).

	Sommes.
Sculpture.....................	6000 »
Menuiserie.....................	300 »
Serrurerie.....................	800 »
Plomberie.....................	500 »
Dallage.....................	2500 »
Cintres et échafaudages.....................	5000 »
Construction d'une sacristie.....................	2500 »
	85766 »
Imprévus, 1/20.....................	4288 30
	90054 30
Honoraires de l'architecte, 1/20...........	4502 75
Total.....................	94557 05

(¹) Le prix des matériaux et de la main-d'œuvre variant suivant les localités, il sera toujours facile, à l'aide des quantités, d'établir le chiffre total, qui, dans le présent devis, est calculé à peu de chose près d'après les prix de Paris.

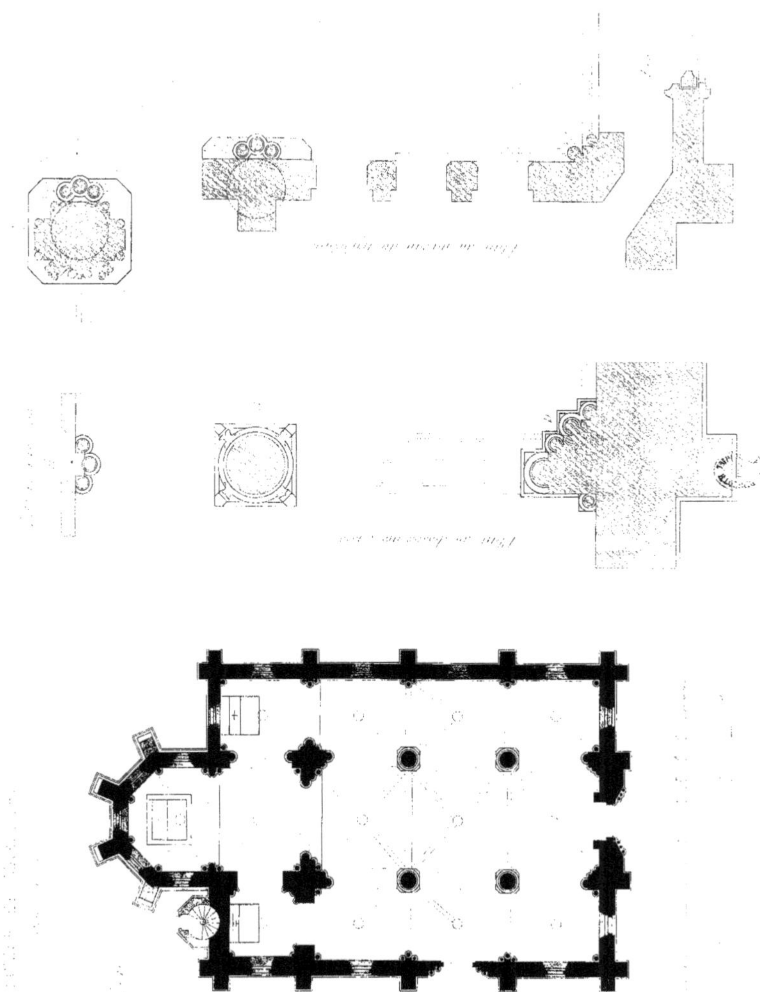

EGLISE DE MAREILLES

Façade principale

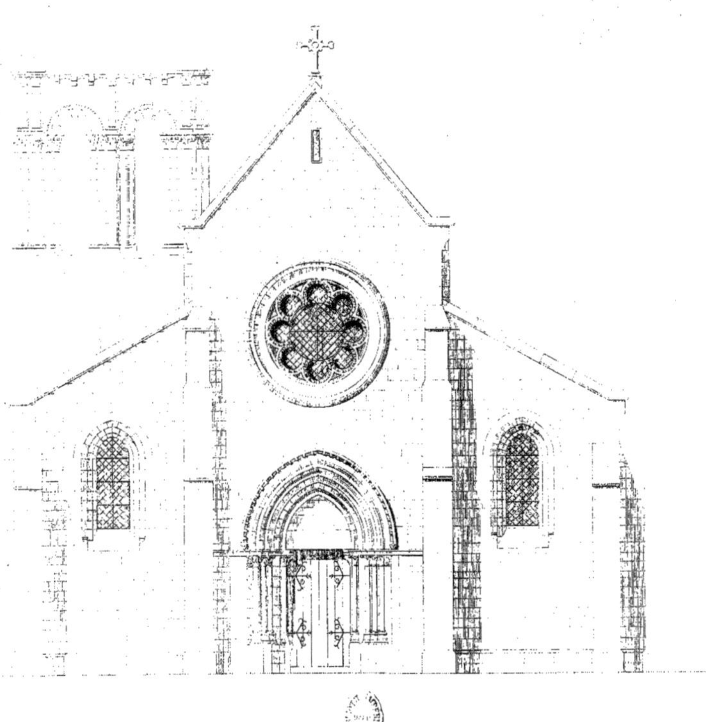

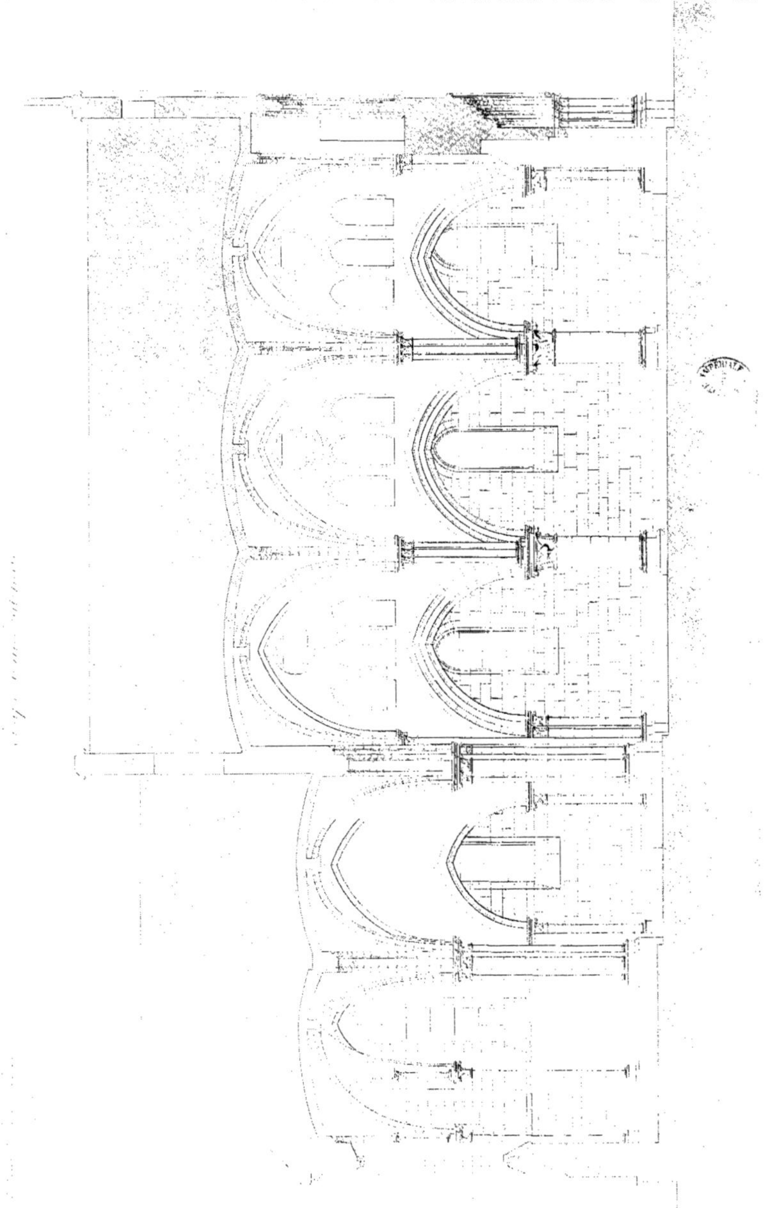

ÉGLISE DE MARPILLAT

Coupe transversale

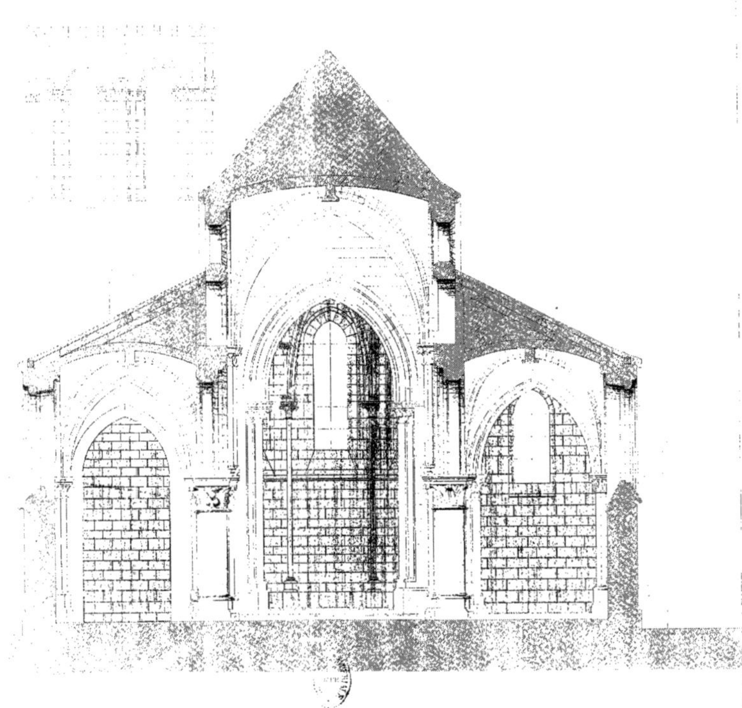

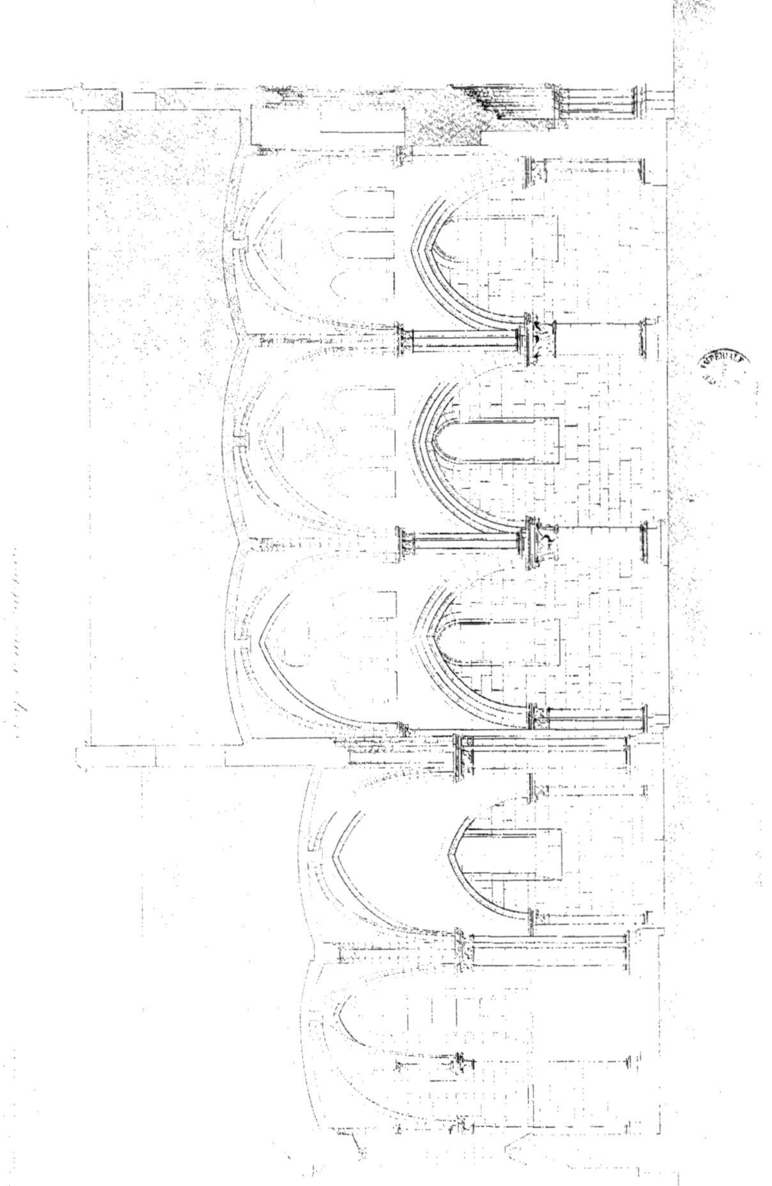

ÉGLISE DE MARCILLAC

Coupe transversale

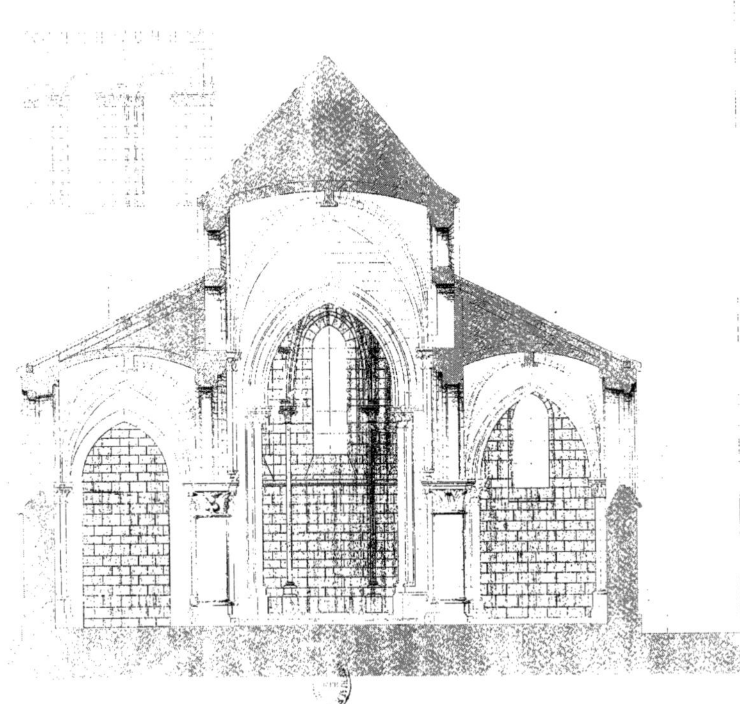

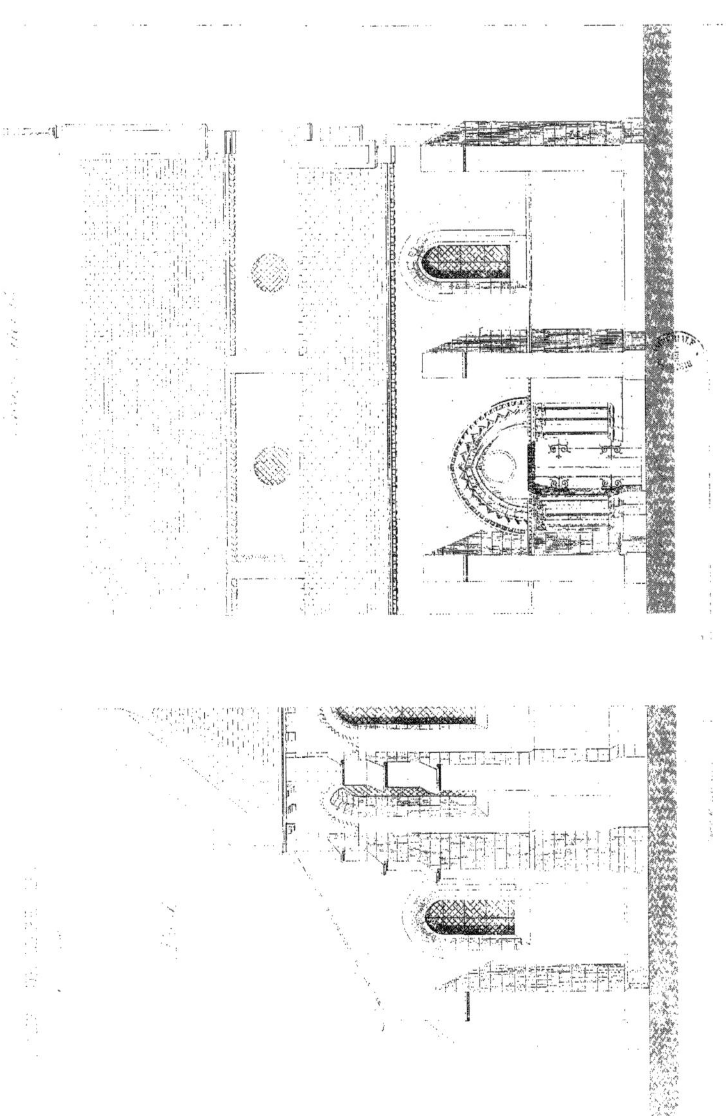

ÉGLISE DE FONTENAILLES

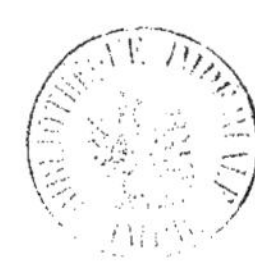

Le village de Fontenailles possédait une ancienne église couverte par une charpente apparente dont les entraits furent supprimés il y a quelques années; cette
opération maladroite produisit dans l'ensemble de l'édifice des désordres tels qu'il
fallut le démolir et le reconstruire, à l'exception toutefois du clocher. Vu les
ressources de la commune, la nouvelle église n'a pu être mise en harmonie, sous
le rapport des matériaux, avec l'ancien clocher, belle et bonne construction
du XIIIᵉ siècle, exécutée entièrement en pierre de taille ; mais elle s'y relie bien
par ses proportions et a été plantée de façon que ce clocher pût être utilisé
comme porche et recevoir une tribune.

L'église actuelle contient environ six cents personnes; elle présente en plan une
nef et deux bas côtés, le chœur comprend la dernière travée de la nef et se termine par une abside en cul-de-four. La sacristie, placée au bas d'un des collatéraux,
est assez éloignée du sanctuaire, mais la disposition du terrain ne permettait pas
de lui donner une autre situation.

On reconnaît, avant tout, dans l'étude de ce petit monument, l'intention bien
arrêtée d'élever une construction solide et durable et de ne rien sacrifier à l'apparence. Aujourd'hui, il semble que la plus modeste église de campagne doive être
voûtée, sous peine de ne pas présenter un caractère religieux; c'est là une opinion
que l'on ne saurait trop combattre. L'architecte de Fontenailles s'est contenté
de voûter l'abside et de couvrir la nef et les collatéraux par les plafonds apparents
en chêne, dont la structure même est un motif de décoration.

Notre coupe longitudinale fera comprendre la combinaison de ces plafonds et donnera une idée (autant que peut le faire un dessin géométral) de la disposition intérieure de l'édifice; nous l'avons présentée du côté de la chaire à prêcher, qui, traitée d'une façon heureuse et originale, contribue beaucoup à la décoration de la nef. Habituellement, lorsqu'une église est terminée, on songe seulement à y installer une chaire; il en résulte que, dans bien des cas, elle est mal placée et peu en rapport avec ce qui l'entoure. Ici, au contraire, elle a été étudiée et combinée suivant l'ordonnance du monument; aussi en fait-elle bien partie et ne gêne-t-elle pas la circulation; de plus, par la nature même de sa construction, elle présente un caractère sérieux et digne que n'ont jamais des chaires en menuiserie disposées après coup, ces dernières ont surtout l'inconvénient d'exiger des escaliers souvent d'un mauvais effet et prenant toujours beaucoup de place.

L'église de Fontenailles élevée avec des ressources fort restreintes, relativement au prix des matériaux, est traitée avec une grande simplicité et dépourvue complétement de sculpture; cependant elle est d'un très-heureux effet : le judicieux emploi des matériaux, de bonnes proportions, des détails bien étudiés, en font une œuvre remplie de style qui a d'autant plus de valeur qu'elle est extrêmement simple. L'extérieur est d'un aspect pittoresque et cependant monumental, la nature même de la construction, un appareil bien tracé le décorent suffisamment : les remplissages, montés en moellons bruts, rejointoyés en mortier, font bien valoir la richesse de la pierre et comprendre son rôle; ce mode de construction convient, à tous égards, à une église de cette importance, nous dirons même que c'est le seul que l'on puisse employer pour bâtir bien et économiquement. Le chiffre total que donne notre devis peut paraître assez élevé, mais cela tient au prix exorbitant des matériaux qu'il a fallu chercher à 160 kilomètres en moyenne. La localité ne possède que des moellons de caillasse qui ne peuvent être employés que pour remplissages. Nous ne nous étendrons pas davantage sur l'emploi des matériaux, les planches et le devis le feront suffisamment comprendre.

ERRATUM DE L'ÉGLISE DE MAREILLES (1re livraison).

Page 1, ligne 17, marquait, *lisez :* masquait.
Page 2, ligne 33, aidés, *lisez :* évidés.
Page 4, ligne 7, mais ce n'est pas, *lisez :* mais il n'est pas.

DEVIS SOMMAIRE.
DESCRIPTIF ET ESTIMATIF.

	Quantités.	Prix.	Sommes.
Fouilles pour fondations avec enlèvement des terres, jet, façon de banquettes, etc.	314^m	1 40	481 74
Fondations en moellons hourdés en mortier de sable de rivière et chaux hydraulique.	224,270	15 »	3364 05
Maçonnerie en pierre d'appareil d'Euville, de Vergelé et aussi en moellons taillés de Paris pour assises, encognures, corniches bandeaux, arcs, appuis de croisées, seuils, etc., compris taille des lits et joints, bardage, montage et pose, mortier, taille des parements vus droits et simples moulures, pierre d'Euville.	35,419	170 »	6021 23
Vergelé.	18,258	110 »	2008 38
Moellon.	45,230	80 »	3418 40
Plus-value pour les marches et les seuils qui sont en liais.			
Plus-value pour taille des moulures évaluées ensemble et pour tout détail superficie.	160	6 »	60 »
Maçonnerie en moellons de caillasse moulière du pays, hourdées en mortier de sable de rivière et chaux grasse pour murs en élévation. déduction faite de 138^m de vides et 98^m,907 de pierre et moellons taillés.	474,815	15 »	996 10
Jointoyement extérieur des maçonneries et façon de parements de moellon, superficie.	615,27	1 »	7122 23
Les enduits intérieurs des murailles en mortier de chaux hydraulique et sable de rivière, surface totale.	700,00	1 90	615 27
Construction de la voûte en coupole	8,475	20 »	1330 »
Construction des maçonneries sous la chaire, les marches et en surélévation de la corniche de l'abside.	15,750	16 »	169 50
Régalage des terres et remblais intérieurs pour recevoir l'aire des dalles et l'asphalte.			252 »
Régalage extérieur.			100 »
Cintres et étais, location des bois.			100 »
			300 »

COUVERTURE ET PLOMBERIE.

	Quantités.	Prix.	Sommes.
Façon des égouts en tuile de Bourgogne.	90	2 80	252 »
Toiture en ardoises d'Angers sur volige en peuplier.	513,96	5 50	2826 78
Faîtage.	21	6 »	126 »
Egout du sanctuaire.	13	3 75	48 75
Faîtages et poinçon de l'abside.	50	2 »	100 »
Fourniture et pose de 3 lucarnes en plomb.			320 »
Couverture du chœur.	33,80	12 »	405 60
Ouvrages en asphalte de 0^m,015 d'épaisseur sur couche de béton de 0^m,10 d'épaisseur.—Superficie.	233	8 »	1864 »

MENUISERIE.

	Quantités.	Prix.	Sommes.
Plafonds.	278,50	8 50	2367 34
Moulure en chêne de 0^m,12 × 0^m,51.	333,14	2 50	833 10
Couvre-joints en chêne de 0^m,04 × 0^m,02 portes et croisées.	106,50	» 60	636 30

CHARPENTE.

	Quantités.	Prix.	Sommes.
Bois refaits à vives arêtes, rabotés sur 2 faces pour les entraits	5,212	200 »	11 24
Bois de chêne ordinaire pour combles et planchers, compris sciages, assemblages, etc.	43,879	115 »	5046 09

SERRURERIE.

	Quantités.	Prix.	Sommes.
Gros fers, ancres, chaînes, harpons.	330	» 90	290 »
Fers à vitraux 0^m,027 × 0^m,023 avec pannetons et clavettes.	425	1 50	727 50
Pentures en fer forgé et serrures ordinaires, évaluation.			200 »
Fournitures diverses.			50 »

PEINTURE.

	Quantités.	Prix.	Sommes.
Impression à l'huile bouillante des bois des plafonds (superficie)			180 »
Peinture des fers.	3600	» 50	150 »

RÉCAPITULATION.

	Sommes.
Maçonnerie.	26338 80
Charpente	6170 09
Couverture.	4079 13
Menuiserie.	3836 74
Serrurerie.	1274 50
Peinture.	330 »
Vitrerie montée en plomb, verre 1/2 double avec bordures de couleur.	675 62
	44368 88
Imprévu, 1/20.	2228 44
Honoraires de l'architecte, 6 p. 0/0, eu égard aux voyages.	2807 84
Total.	49605 16

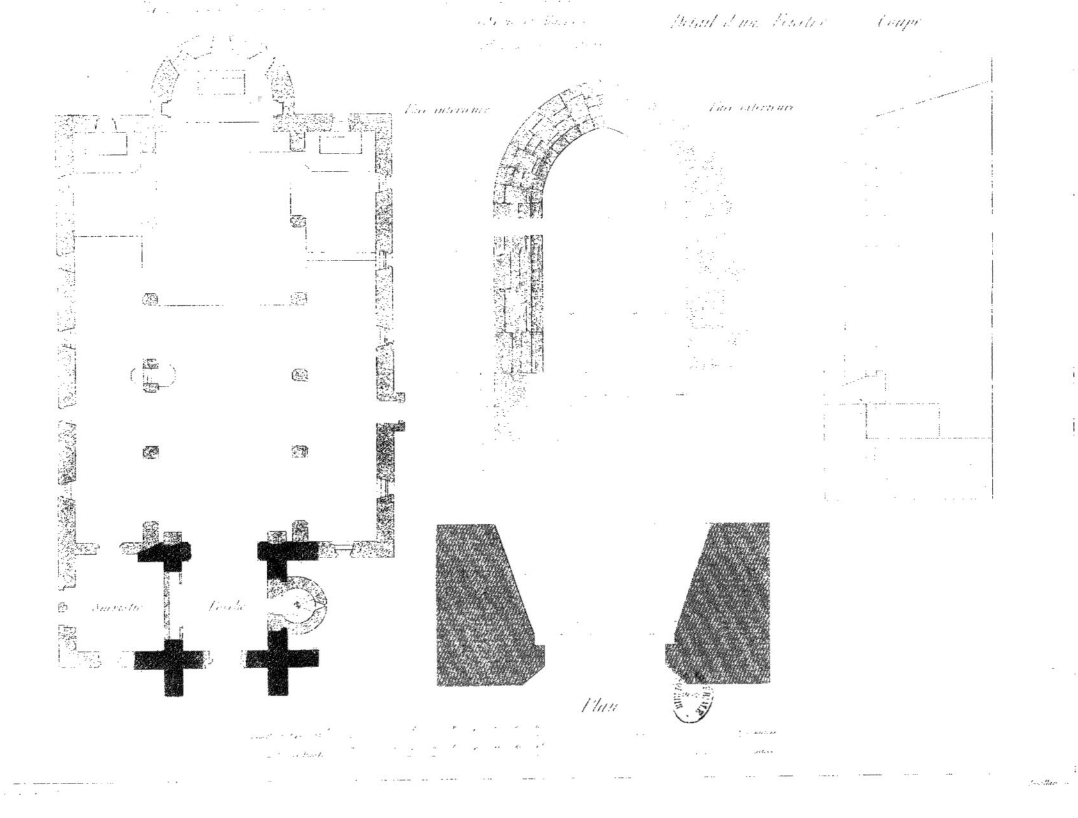

Détail d'une Fenêtre
Coupe
Vue intérieure
Vue extérieure
Plan

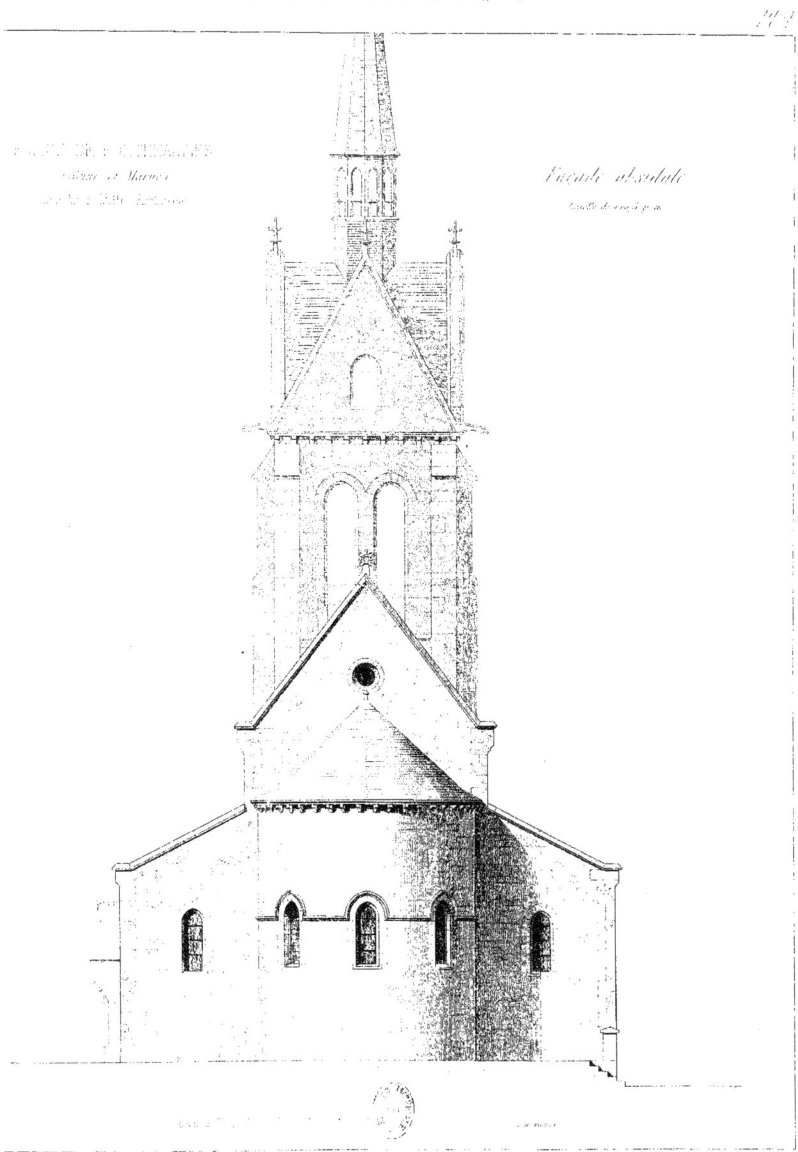
Façade absidale

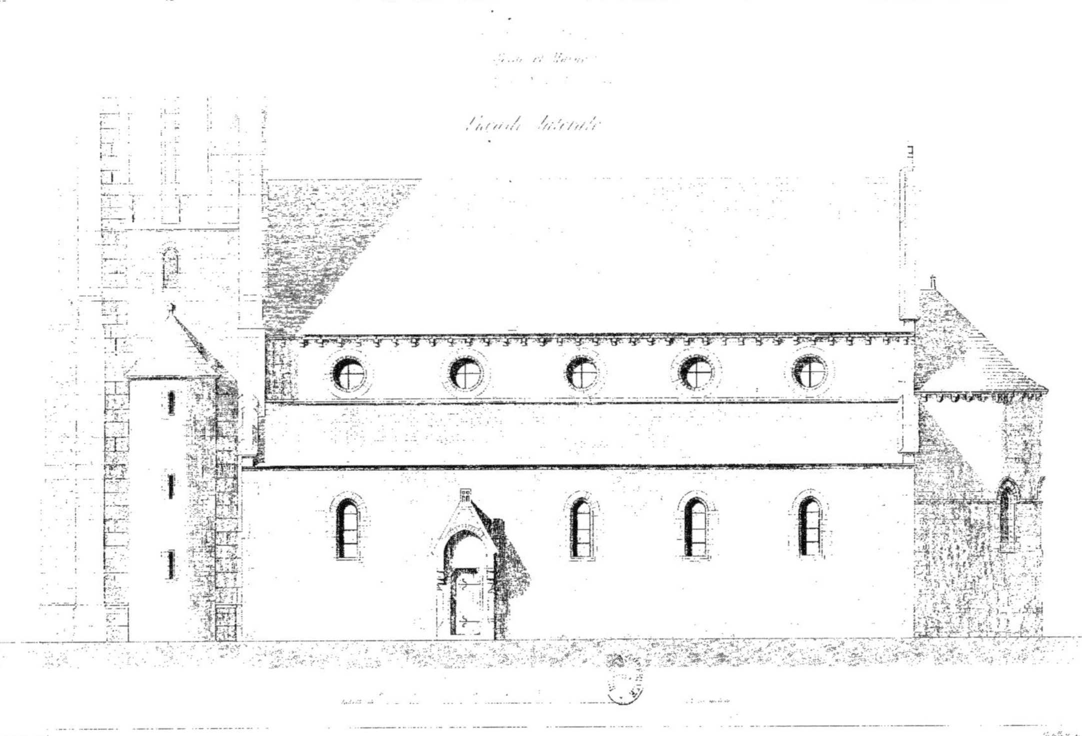

Seine et Marne
Façade latérale

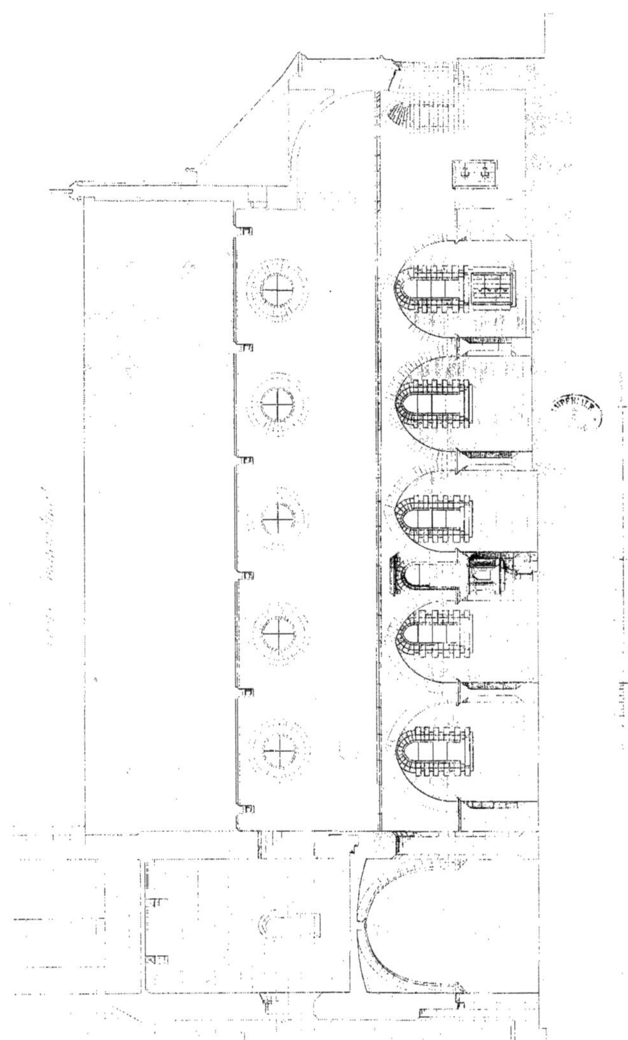

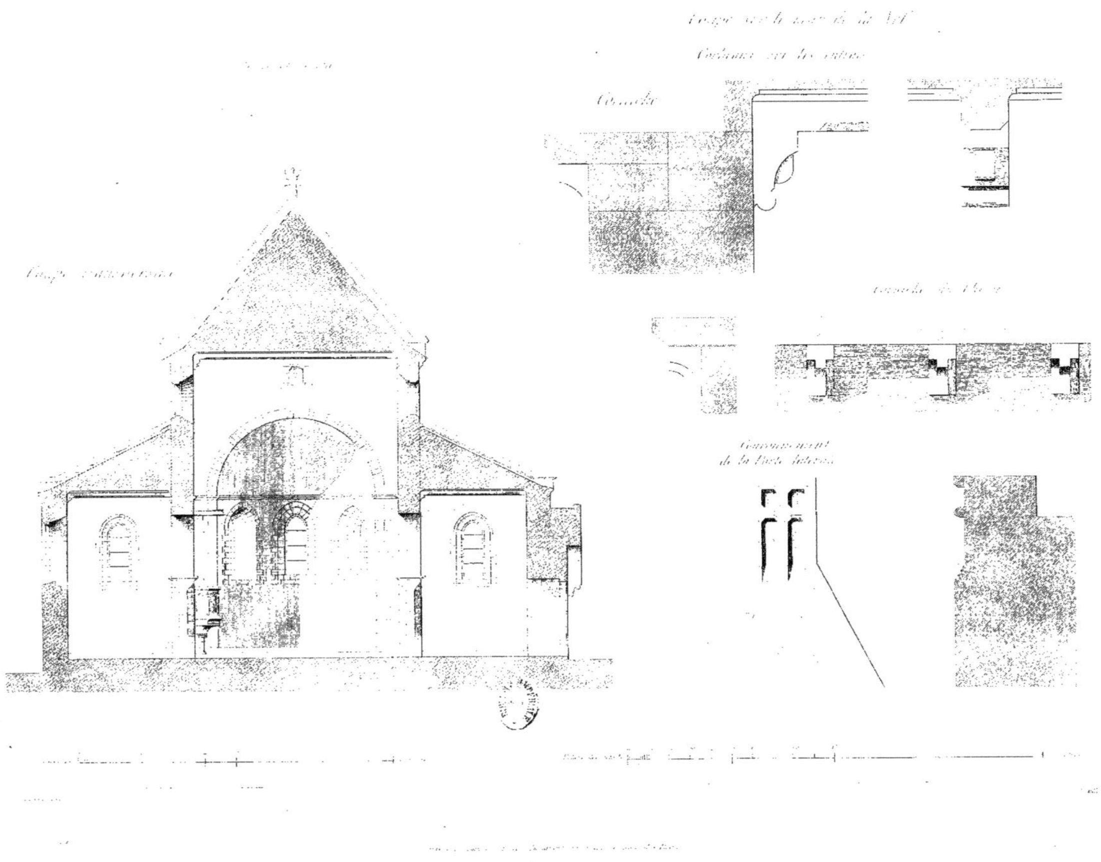

Coupe sur la tour de la nef
Corbeaux sur les entrées
Corniche
Corniche de l'abside
Couronnement
de la Porte latérale
Coupe architectonique

ÉGLISE DE NESLE

DÉPARTEMENT DE SEINE-ET-OISE.

Parmi les petites églises du moyen âge que possède encore l'Ile-de-France, celle de Nesle est certainement une des plus remarquables. M. Viollet-le-Duc la cite dans le *Dictionnaire raisonné de l'architecture* ; il dit au mot CLOCHER :

« Le village de Nesle, près l'Ile-Adam, a conservé une charmante église dont la construction remonte aux dernières années du XIIe siècle et qui s'est accolée à un clocher plus ancien (premières années du XIIe), de manière à placer ce clocher sur le flanc méridional du chœur. Cette église est dépourvue de transsepts, et le clocher s'est trouvé englobé dans le collatéral ; il devait être primitivement détaché et bâti probablement le long d'une église à une seule nef. Le clocher de l'église de Nesle est un des mieux conçus et des mieux bâtis parmi les nombreux exemples fournis par cette province et cette époque, la plus fertile en beaux clochers. »

Quoique ce clocher se relie assez médiocrement à l'église et qu'il ne soit pas de la même époque, nous n'avons pas cru devoir le séparer de cette monographie ; d'ailleurs, il présente en plan une disposition qui, étant adroitement modifiée, peut trouver des applications. Il arrive souvent que la forme d'un terrain empêche l'architecte de placer le clocher dans l'axe principal de l'édifice et l'oblige à l'élever latéralement, surtout lorsqu'il s'agit d'une église sans transsepts, qui ne présente pas la ressource de la croisée. On ne saurait certainement trop multiplier les exemples de clochers latéraux, et celui-ci peut être d'autant plus utile, que le parti des transsepts convient peu à des églises de bourgs ou de villages ; il donne à un petit édifice un aspect bien important et entraîne à des dépenses considérables comme maçonnerie et aussi comme charpente et couverture.

D'un autre côté, l'église serait-elle accompagnée de transsepts, un clocher central présente de tels inconvénients qu'on peut rarement le disposer ainsi ; en effet, il exige à l'intérieur des piles d'une large section, gênant la vue et la circulation et demande, pour ne pas paraître écrasé, une assez grande élévation au-dessus des combles. Du reste, dans bien des départements, cette disposition est rejetée d'une manière absolue par le clergé, parce qu'elle se prête mal au service des cloches.

L'église de Nesle peut convenir à un bourg assez important et contient six à sept cents personnes sans comprendre, bien entendu, le chœur qui à lui seul est très-vaste. Ce monument est entièrement voûté ; la combinaison des voûtes de la nef mérite surtout d'être examinée avec soin, elle est fort habile et présente un intérêt tout particulier. Les architectes du moyen âge, dans l'étude d'un édifice religieux, se préoccupaient beaucoup de remplir deux conditions importantes et intimement liées l'une à l'autre : 1° Ne pas trop multiplier les points d'appui ; 2° réduire autant que possible la hauteur du monument. En disposant les piles sur plan carré, la première de ces conditions se trouvait remplie, mais la seconde ne l'était pas, puisque les travées des collatéraux devenant très-longues, les arcs diagonaux qui commandent la hauteur des combles et par suite celle des fenêtres supérieures demandaient un développement considérable (il ne faut pas oublier que ces arcs sont toujours plein-cintre). Il suffit d'examiner le plan de l'église de Nesle pour reconnaître que l'architecte a complétement résolu ce double problème, et qu'il a trouvé un juste milieu très-satisfaisant en disposant les piles sur un plan barlong se rapprochant du carré. Craignant dans les voûtes hautes le trop grand développement des arcs formerets, il a renforcé le système par un arc doubleau intermédiaire portant sur une pile que soutient la tête de l'arc inférieur correspondant ; cette précaution, nécessaire lorsqu'il s'agit des grandes voûtes de Notre-Dame de Paris par exemple, était peut-être superflue dans ce cas-ci, puisque les voûtes ne sont pas même disposées sur plan carré et que leurs dimensions sont après tout assez restreintes. Quoi qu'il en soit, cette disposition est fort ingénieuse et d'un charmant effet ; le détail qui accompagne la coupe fera comprendre comment la pile située sous cet arc intermédiaire se trouve épaulée par un contre-fort extérieur que porte un second arc B, construit dans un plan parallèle à A, mais surélevé de manière à rester dissimulé au-dessus de la voûte.

La poussée des arcs doubleaux et diagonaux est maintenue par des contre-forts d'une plus large section et des triangles de maçonnerie élevés au-dessus des arcs doubleaux inférieurs.

Aujourd'hui l'église de Nesle est en assez mauvais état, les voûtes se sont écartées et ont dû être retenues par des tirants en fer ; il ne faut pas conclure de là que cet édifice a été mal conçu, mais attribuer ces désordres à la suppression des triangles de maçonnerie qui contre-buttent les voûtes hautes, à l'abandon dans lequel ce monument a été laissé, et enfin peut-être à une exécution médiocre. Il n'en a pas moins, d'ailleurs, duré plusieurs siècles et servira encore longtemps au village de Nesle qui est fier de son église, et à juste titre, car si elle est remarquable par sa combinaison générale, elle ne l'est pas moins dans ses détails ; la sculpture en est très-belle, d'un bon style et toujours en harmonie avec l'appareil. Cet édifice est construit en petites assises de 25 cent. de hauteur en moyenne, formant parements extérieur et intérieur, et blocages de moellons ; s'il fallait aujourd'hui élever l'église de Nesle avec les mêmes matériaux, la somme que donne notre devis ne serait certainement pas suffisante ; mais sans changer le caractère de l'édifice, et sans nuire en aucune façon à l'effet général, il serait possible d'apporter les modifications que nous avons introduites dans notre devis. Nous ne comptons en pierre que les piles, les appuis, bandeaux, pieds-droits et arcs de fenêtre ou intérieurs, et la remplaçons dans les parties du remplissage par du moellon piqué.

Ayant eu, dans une précédente monographie, l'occasion d'indiquer le genre de construction d'un édifice de l'Ile-de-France, nous ne nous étendrons pas davantage sur ce sujet en ce qui concerne l'église de Nesle, construite dans des conditions absolument identiques.

DEVIS SOMMAIRE.

	Quantités.	Prix.	Sommes.
NEFS ET CHŒUR.			
Fouilles pour fondations à 2 mètres de profondeur,............	370ᵐᵉ	1 50	555 »
Fondations en moellons de roche hourdés en mortier de chaux hydraulique et sable de rivière··························	330	20 »	6600 »
MAÇONNERIE EN ÉLÉVATION.			
Pierre dure	145	120 »	17400 »
Pierre tendre........................	300	80 »	24000 »
Moellon piqué (parements intérieurs et extérieurs vus)........	350	50 »	17500 »
Moellon ordinaire (parements cachés)......................	230	22 »	5060 »
Moellon brut (blocages)........................	215	15 »	3225 »
Taille layée à la bretture (sur pierre dure)..................	1500ᵐᵉˢ	5 »	7500 »
Taille id. (sur pierre tendre).................	360	2 50	8000 »
CLOCHER.			
Fouilles........................	30	1 50	45 »
Fondations........................	20	20 »	400 »
Pierre dure	85	120 »	4200 »
Pierre tendre........................	90	80 »	7200 »
Moellon piqué........................	70	50 »	3500 »
Moellon ordinaire........................	40	22 »	880 »
Moellon brut........................	35	15 »	525 »
Taille sur pierre dure........................	400	5 »	2000 »
Taille sur pierre tendre........................	1080	250 »	2700 »
FLÈCHE.			
Pierre dure (plus-value pour montage).....................	35	150 »	5250 »
Taille sur cette pierre........................	700	7 »	4900 »
CHARPENTE.			
Bois de chêne première qualité........................	40ᵉ	100 »	4000 »
COUVERTURE.			
Ardoise (compris égouts et tranchis).	600	6 »	3600 »
VITRERIE MONTÉE EN PLOMB.			
Verre double tout compris, surface totale	80	20 »	1600 »
ÉVALUATIONS.			
Sculpture........................		18000	
Menuiserie........................		300	
Serrurerie........................		2000	
Plomberie........................		1500	
Cintres et échafauds........................		5000	
Marches........................		400	
Dallage	365	10 »	3650 »
RÉCAPITULATION.			
Maçonnerie et terrassements........................			125090 »
Charpente........................			4000 »
Couverture........................			3600 »
Vitrerie........................			1600 »
Évaluations........................			27200 »
			160490 »
Imprévu, 1/20.			8024 50
			168514 50
Honoraires de l'architecte, 1/20			8425.725
Total........................			176940.225

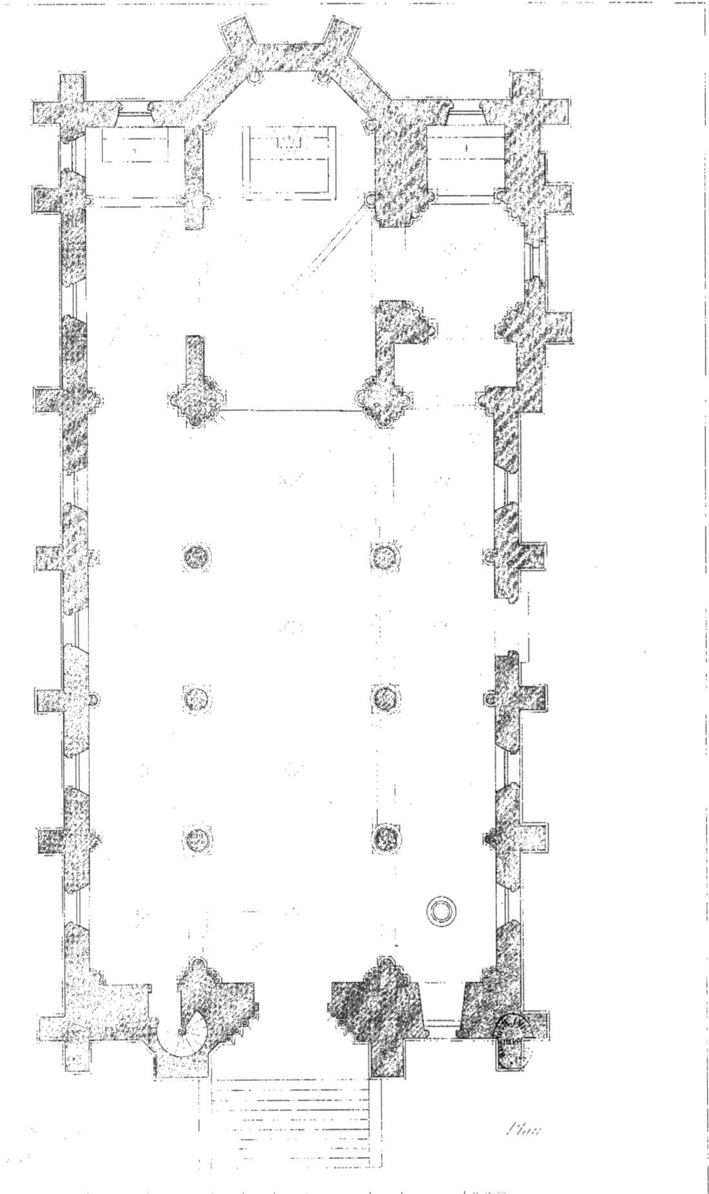

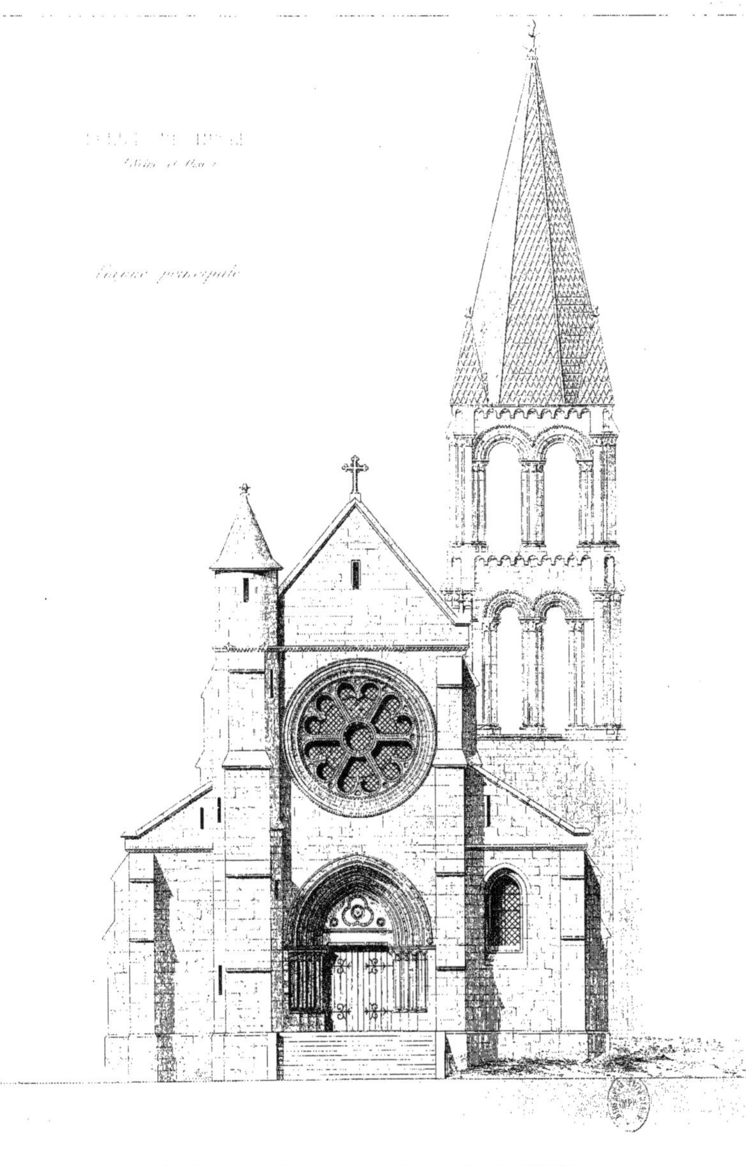
Façade principale

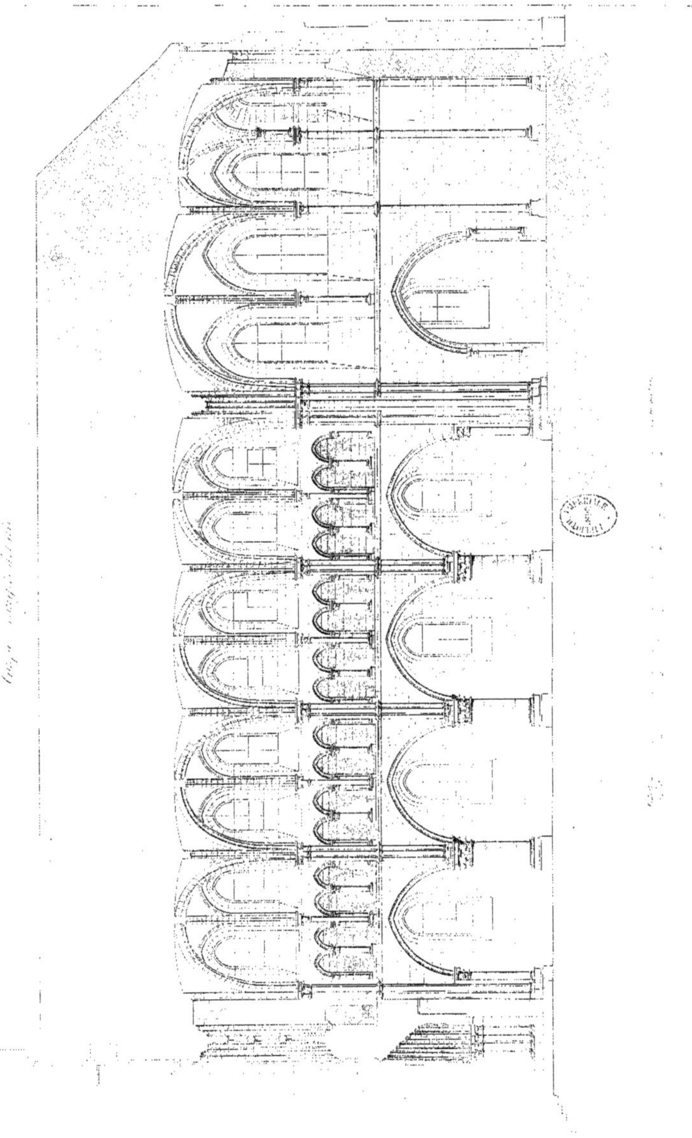

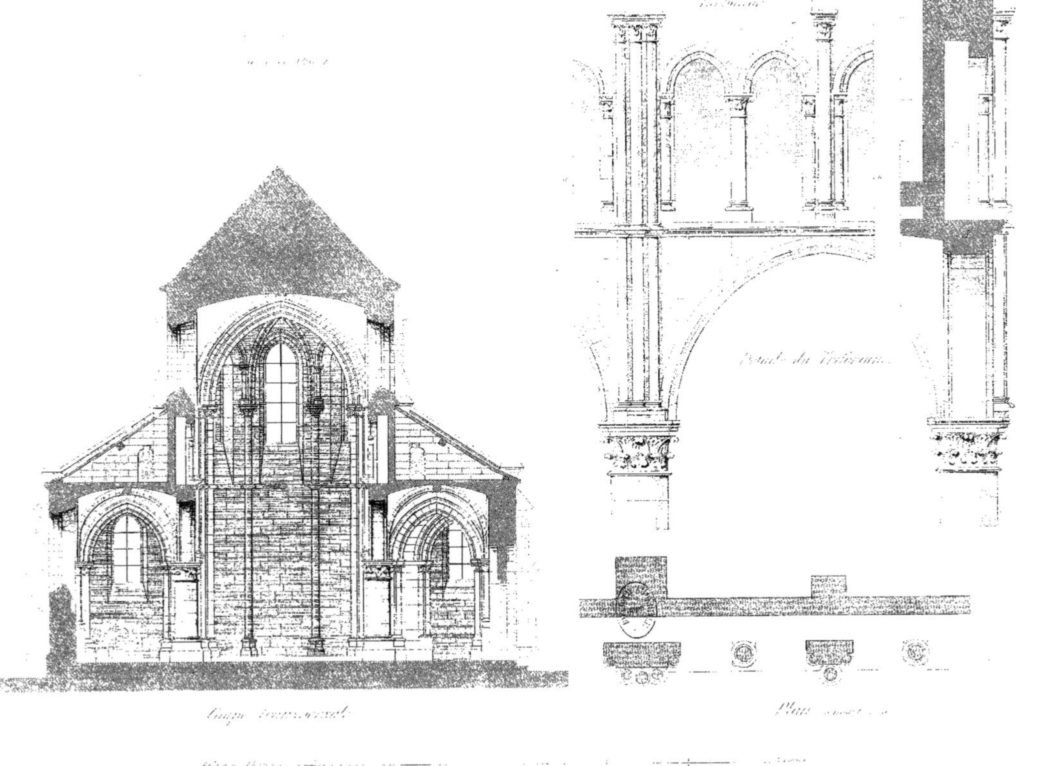

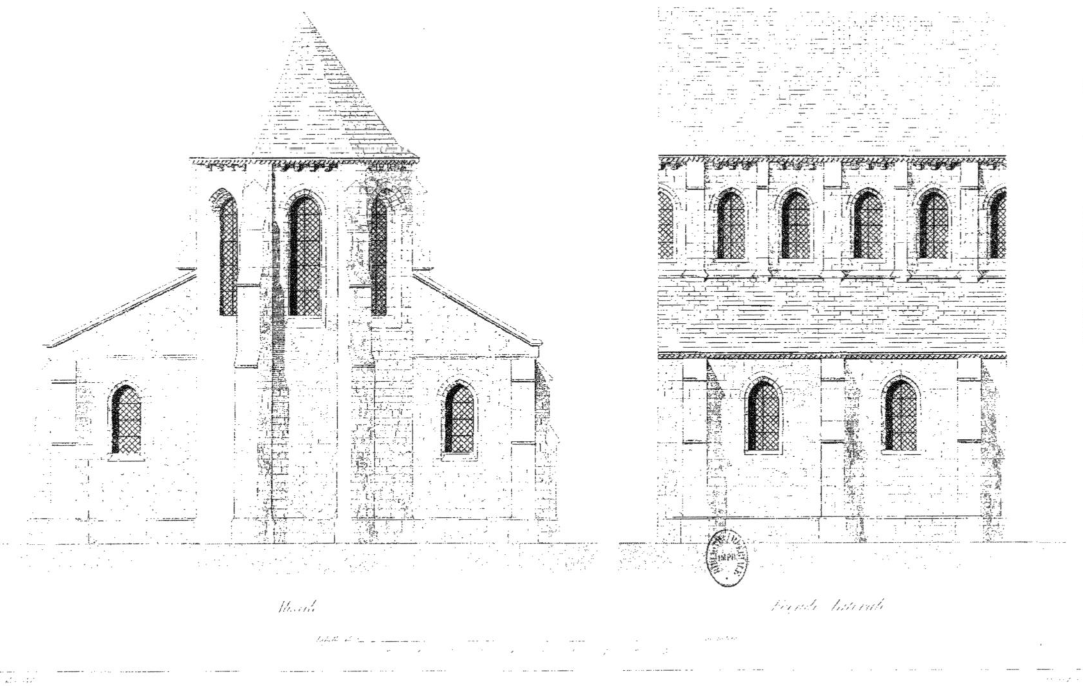

ÉGLISE DE FROUVILLE

DÉPARTEMENT DE SEINE-ET-OISE.

Pendant les Xe et XIe siècles, les constructeurs ne possédant qu'un système de voûtes très-imparfait, s'étaient contentés de voûter les sanctuaires et de couvrir les nefs par des charpentes apparentes. Cette disposition fut conservée jusque vers les premières années du XIIIe siècle pour certains petits monuments élevés avec économie ; il en existe encore dans l'Ile-de-France et la Champagne quelques exemples incomplets, il est vrai, mais qu'il est facile de reconstituer au point de vue de l'ensemble, ce qui est suffisant pour guider dans les applications qu'on peut faire aujourd'hui de ce parti bien simple et très-raisonnable.

Quoique l'église de Frouville renferme des constructions de diverses époques, on en retrouve aisément la disposition primitive, au moyen du clocher et de la nef qui sont entièrement conservés. Le chœur actuel date du XIIIe siècle; il est bien compris et d'un bon style, mais il ne se relie pas à l'édifice, pour lequel il est d'ailleurs trop riche et trop important; aussi n'avons-nous pas cru devoir le donner dans cette monographie et avons-nous tenté de rétablir celui du XIIe siècle, à l'aide d'autres exemples, en profitant du plan du clocher et des deux dernières piles A de la nef qui font deviner ce qu'il était dans l'origine. L'arc C, également ancien, indique bien que le collatéral se prolongeait jusqu'au chevet, de toute une travée formant chapelle. Le chœur et le clocher sont antérieurs à la nef; néanmoins ce petit monument offre un ensemble aussi complet que s'il avait été élevé d'un seul jet.

La planche 3 présente d'une part la coupe sur l'abside, de l'autre celle sur une travée de la nef. Dans la première, on voit que le chœur est moins élevé, conformément à l'usage généralement adopté à cette époque et bien indiqué ici par l'arcature inférieure qui décore les quatre faces du clocher. La coupe sur la nef donne la disposition des charpentes apparentes que nous n'avons pas reproduites à une grande échelle, ayant, dans cette publication, l'occasion de donner des exemples analogues, mais plus importants. Le système de la nef haute présente une disposition particulière ; chaque ferme possède deux arbalétriers dont l'un porte les pannes qui soutiennent les chevrons et dont l'autre reçoit à mi-bois une panne *a* inférieure qui soulage les fourrures sur lesquelles est cloué le lambris. Cette panne, motivée par la construction, reste apparente et devient un motif de décoration. La charpente du bas côté est moins habilement combinée et produit un mauvais effet ; il nous semble que pour une aussi faible portée, il serait possible de supprimer l'entrait, à la condition bien entendu de modifier le système de la demi-ferme.

Dans notre devis, nous arrivons à une somme certainement peu élevée pour une église pouvant contenir au moins 300 personnes, et dans bien des localités, eu égard aux prix des matériaux, ce chiffre ne serait pas atteint ; ce résultat prouve assez combien il serait raisonnable d'adopter, pour des monuments peu importants, un parti analogue à celui de l'église de Frouville.

DEVIS SOMMAIRE.

	Quantités.	Prix.	Sommes.
MAÇONNERIE.			
Fouilles	200.00	1 50	300.00
Fondations	160.00	15 »	2.400.00
Pierre dure pour bandeaux, corniches, piles intérieures	67.27	120 »	8.072.40
Pierre tendre	102.15	90 »	9.183.55
Moellon	300.04	15 »	4.500.00
Taille sur pierre dure	807.00	5 »	4.035.00
Taille sur pierre tendre	1225.80	2 50	3.064.50
Enduits de mortier pour murs à l'intérieur	500.00	2 »	1.000.00
Dallage	204.00	10 »	2.040.00
CHARPENTE.			
Bois de chêne. Refait à vives arêtes et moulures	10.00	200 »	2.000.00
Bois de sapin	16.00	150 »	2.400.00
Lambris en frises de sapin	160.00	8 »	1.280.80
Couvre-joints	500.00	» 60	300.00
COUVERTURE.			
Ardoise	300.00	5 50	1.650.00
Surface vitrée (vitrerie montée en plomb)	30.00	20 »	600.00
ÉVALUATIONS.			
Sculpture			2.000.00
Menuiserie			200.00
Serrurerie			800.00
Peinture			150.00
RÉCAPITULATION.			
Maçonnerie			34.595.45
Charpente			5.980.00
Couverture			650.00
Vitrerie			600.00
Évaluations			3.150.00
			45.975.45
Imprévu, 1/20			2.398.78
			48.274.23
Honoraires de l'architecte, 1/20			2.413.76
Total			50.687.90

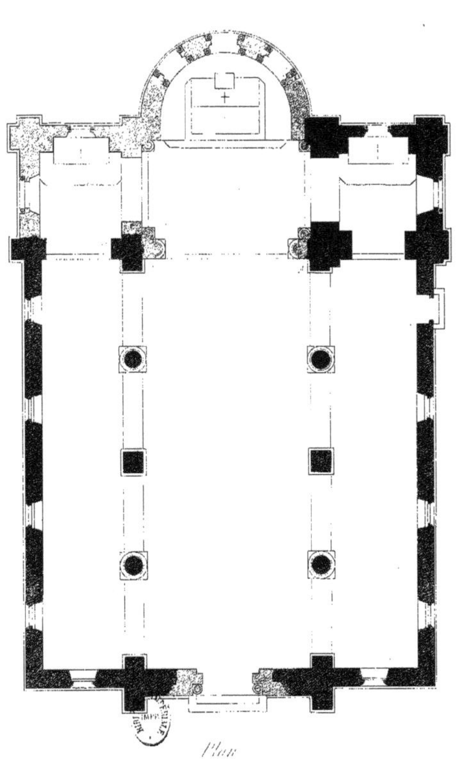

Plan

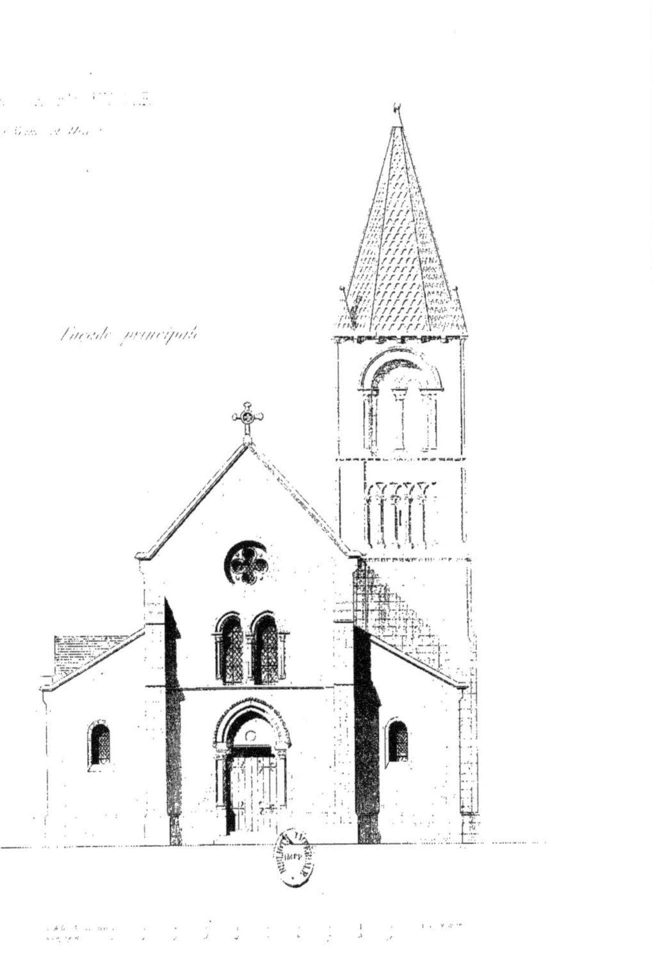
Façade principale

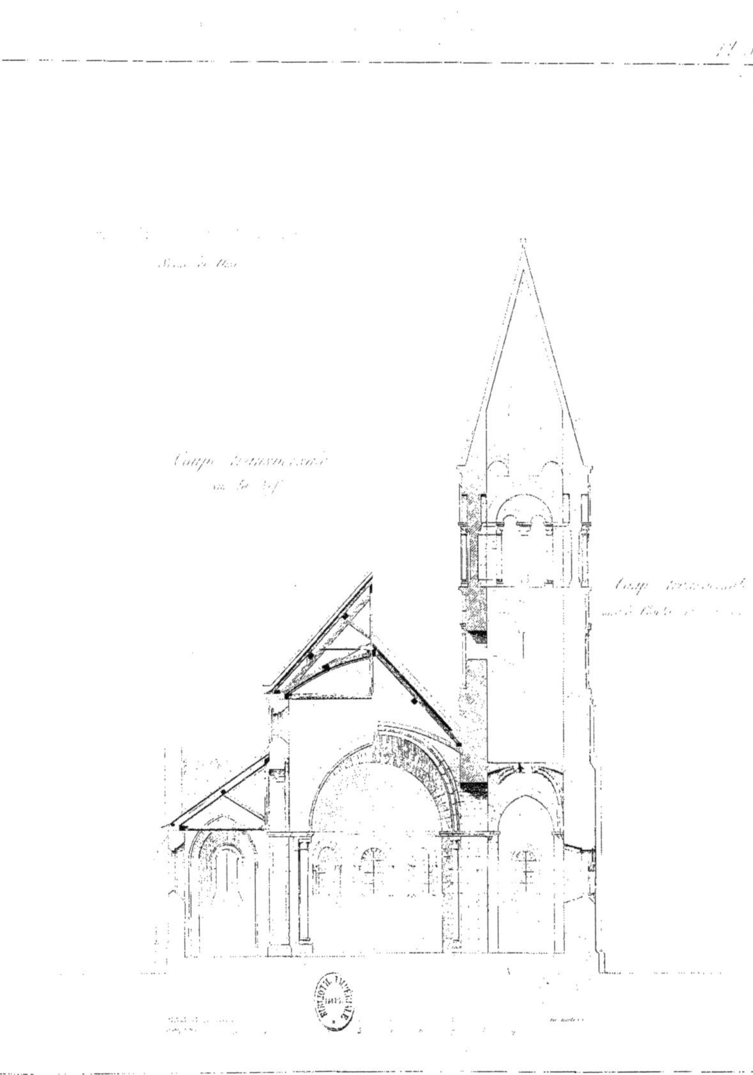

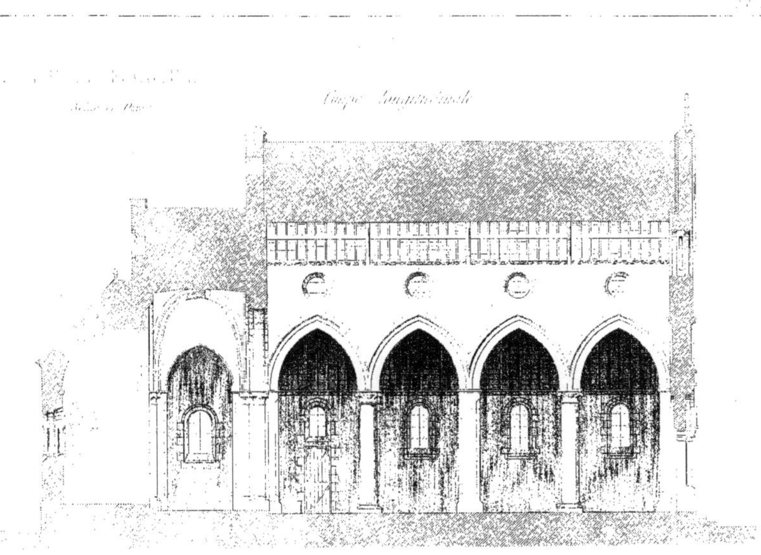

Coupe Longitudinale.

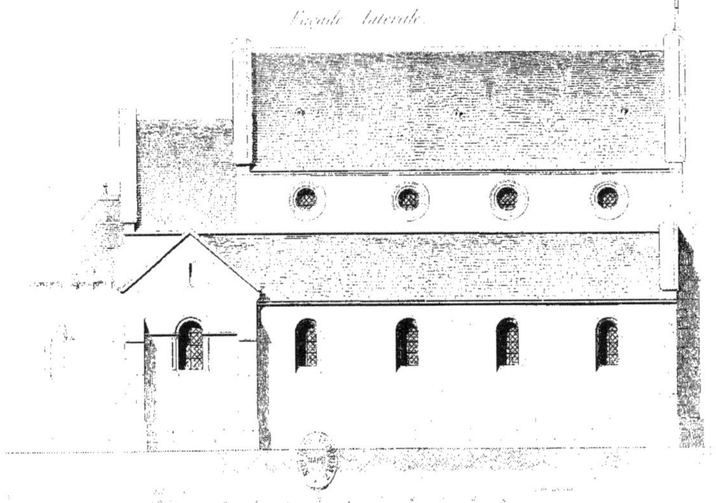

Façade Latérale.

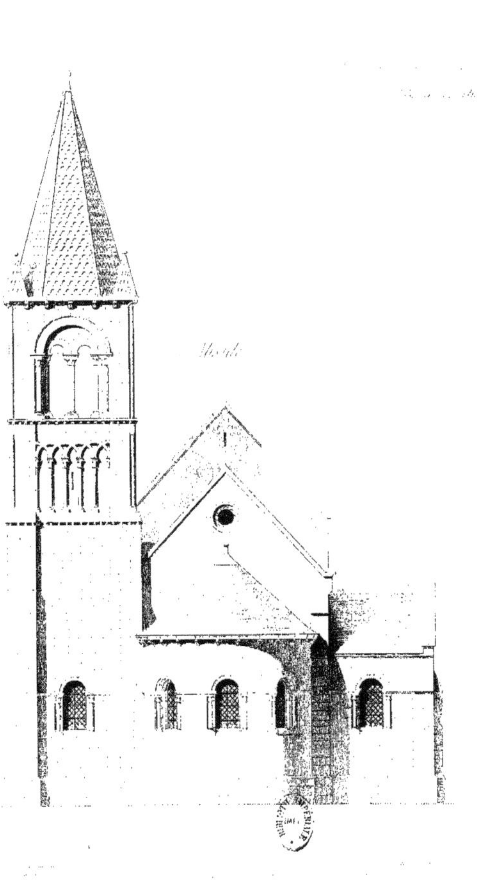

ÉGLISE DE SAINT-SAUVEUR

PYRÉNÉES-ORIENTALES.

Une église de campagne, aussi bien qu'une cathédrale, doit être avant tout un monument durable, dans lequel rien ne saurait être négligé pour obtenir une bonne construction. Nous ne voulons pas dire par là que les mêmes matériaux doivent être employés dans l'un et l'autre cas; seulement nous pensons que, quels que soient ceux dont on dispose, il est toujours possible, en les employant convenablement, d'obtenir un résultat relativement satisfaisant. Plus un monument est modeste, plus l'emploi des matériaux doit être judicieux, si l'on veut satisfaire aux conditions de solidité, d'économie et même d'apparence. Rien, en effet, ne donne un caractère monumental à un édifice comme une construction franchement accusée et un appareil bien entendu, et si d'autre part cet édifice est bien conçu dans son ensemble et qu'il présente d'heureuses proportions, il n'a pas besoin du secours de la sculpture pour être une bonne œuvre architecturale.

L'église de Saint-Sauveur, dont nous publions aujourd'hui la monographie, est une excellente preuve de ce que nous avançons, et certes, il serait difficile, avec les mêmes ressources, d'élever une construction plus sage, mieux raisonnée et en même temps plus élégante. Cet édifice se compose d'une seule nef terminée par une abside polygonale; le clocher placé dans l'axe principal sert de porche et possède deux petits escaliers qui desservent la tribune et conduisent jusqu'au comble; la sacristie est établie latéralement entre deux contre-forts.

Dans l'étude d'une église, de quelque importance qu'elle soit, il est toujours très-difficile de disposer convenablement la sacristie, si l'on veut réunir toutes les

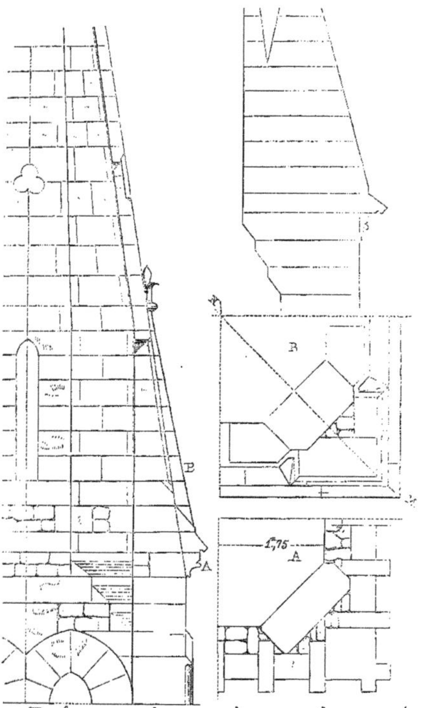

conditions exigées. Pour satisfaire aux besoins du culte, elle doit être à proximité du chœur et située latéralement; de plus, elle ne peut forcément avoir qu'une hauteur minime relativement à celle de l'édifice et cependant elle doit s'y relier autant que possible. Il nous semble que, pour une église de village ne possédant qu'une seule nef, le meilleur parti à prendre est celui qu'a adopté l'architecte de Saint-Sauveur ; la sacristie est traitée franchement comme une annexe, élevée seulement à la hauteur nécessaire et disposée de façon à ne pas interrompre les lignes principales de la façade latérale. Le passage établi entre les deux contre-forts a été couvert par un dallage, afin de faciliter l'écoulement des eaux, et de détacher le comble de la sacristie qui, ainsi disposé, laisse dégagée dans toute sa hauteur la fenêtre de la travée correspondante.

Le monument qui nous occupe est entièrement voûté sur plan barlong ; nous avons présenté la coupe transversale en indiquant la construction des contre-forts, afin de donner par cet exemple une idée de l'habileté et de l'économie apportées dans l'emploi de la pierre ; les remplissages sont montés en moellons et enduits de mortier à l'intérieur comme à l'extérieur. Nous ferons remarquer sur cette même planche la disposition des escaliers dans la partie supérieure et la manière dont l'architecte a profité de l'arc formeret pour établir des marches conduisant jusqu'à l'étage du beffroi. Le bois intercalé dans le texte donne à l'échelle de deux centimètres des détails nécessaires pour faire comprendre la construction de la flèche en pierre ; le plan de l'assise A et celui de l'assise B indiquent l'appareil de la souche et le moyen employé pour passer du plan carré à l'octogone ; la coupe sur MN montre la disposition de l'un des trompillons élevés aux angles et faisant contre-poids.

Il serait très-intéressant de pouvoir reproduire ces détails en plus grand nombre et de donner un plan à la hauteur de chaque assise, comme l'a fait d'ailleurs l'architecte pour l'exécution, mais notre cadre ne nous permet pas de nous étendre davantage. Nous espérons néanmoins que nos planches feront suffisamment comprendre l'esprit de la construction et donneront une idée du soin avec lequel ce monument est étudié.

DEVIS SOMMAIRE.

	Quantités.	Prix.	Sommes.
FONDATIONS, NEFS, CHŒUR ET CLOCHER.			
Maçonnerie de béton	64.916	34 50	2.239.60
Maçonnerie en moellons hourdés en chaux hydraulique et sable	74.220	21 85	1.521.71
Déblais	169.483	3 50	593.19
ÉVALUATION, NEF ET CHŒUR.			
Pierre de Lourdes, compris lits et joints, bardage, montage, pose sur mortier de chaux hydraulique et ciment, échafauds et cintres	64.156	90 »	5.774.04
Arcs doubleaux et marches	12.835	90 »	1.155.15
Maçonnerie de moellons hourdés en chaux grasse et sable	170.674	15 »	2.560.11
Voûtes (moellons)	35.641	30 »	1.069.20
Maçonnerie pour reins de voûtes	28.28	12 »	33.936
Dallage	94.58	10 »	945.80
Jointoiement en mortier de ciment	1260.50	1 »	1.260.50
CLOCHER.			
Pierre de Lourdes	201.684	90 »	18.151.56
Maçonnerie de moellons	65.664	15 »	984.26
Voûtes (moellons)	1.660	30 »	49.80
Maçonnerie pour reins de voûtes	1.000	12 »	12.00
Dallage	20.23	10 »	202.30
Jointoiement	1002.35	1 »	1.002.35
Taille rustiquée (nef, chœur et clocher)			
Taille layée (id.), comprenant cordons, moulures, glacis, colonnes intérieures, arcs des voûtes	656.36	4 »	2.625.44
	1003.40	8 »	8.027.20
Escaliers (marches)	92.000	10 »	920.00
CHARPENTE.			
Quatre fermes, quatre demi-fermes et plancher	13.054	100 »	1.305.40
Superficiel de plancher en sapin	12 50	5 »	62.50
Beffroi			400.00
COUVERTURE.			
Ardoise	189.25	420 »	794.85
Vitrerie	29.22	12 »	350.64
Menuiserie	15.51	20 »	310.20
Serrurerie, ferrures, boulons, croix et clocher			700.00
Sculpture (34 chapiteaux et 6 bouquets)			1.500.00
Autel			1.500.00
Sacristie			1.500.00
RÉSUMÉ.			
Maçonnerie			49.892.04
Charpente			1.767.50
Couverture			794.85
Menuiserie			310.20
Serrurerie			700.00
Sculpture, autrel et sacristie			4.500.00
Vitrerie			350.64
			58.315.23
Imprévu, 1/20			2.915.76
			61.230.99
Honoraires de l'architecte, 1/20			3.061.55
Total			64.292.54

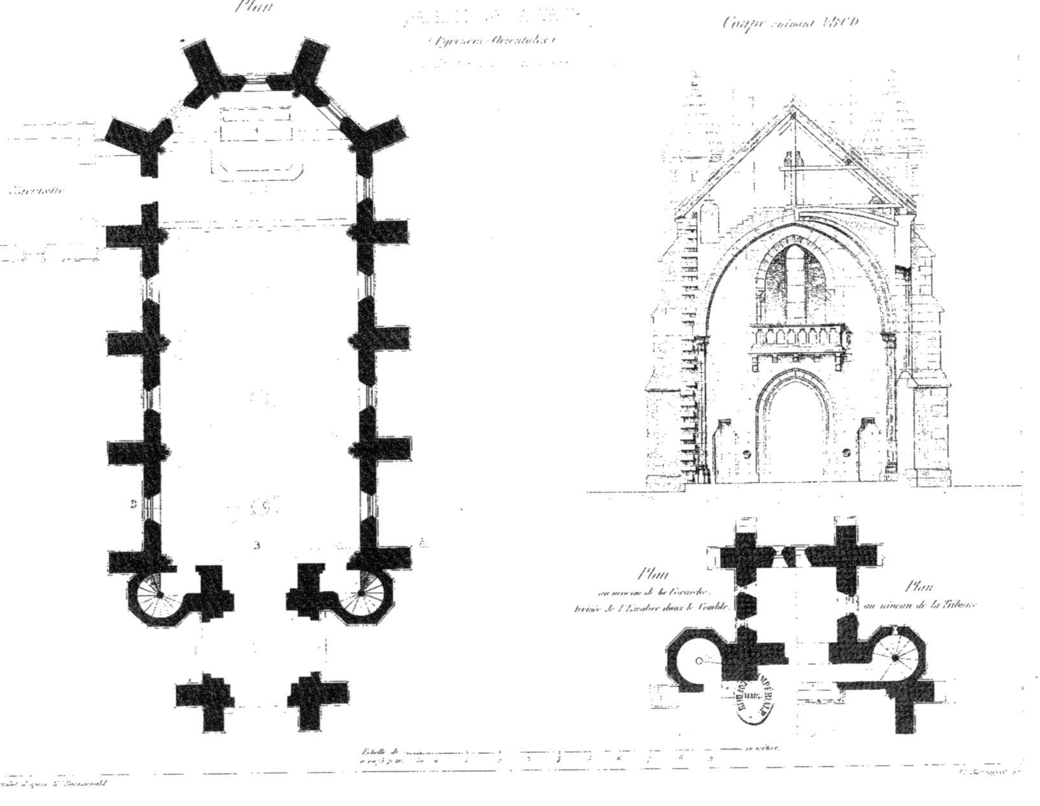

Plan
Coupe suivant AB CD
Plan
au niveau de la Corniche,
terrasse de l'Escalier dans le Comble
Plan
au niveau de la Tribune
Echelle de

façade principale

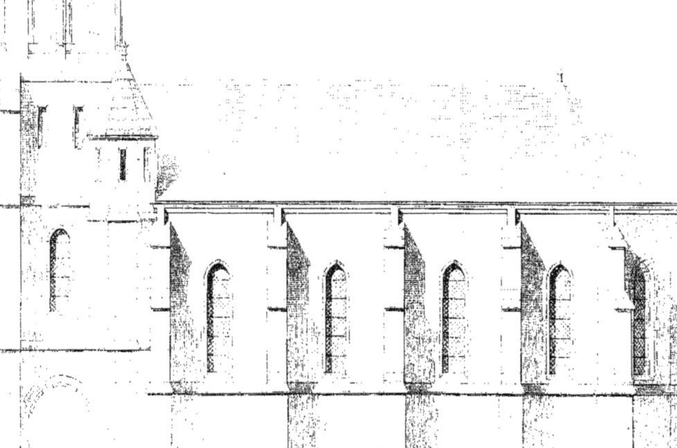
Façade latérale.

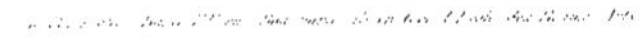
(Pyrénées-Orientales)

Coupe longitudinale

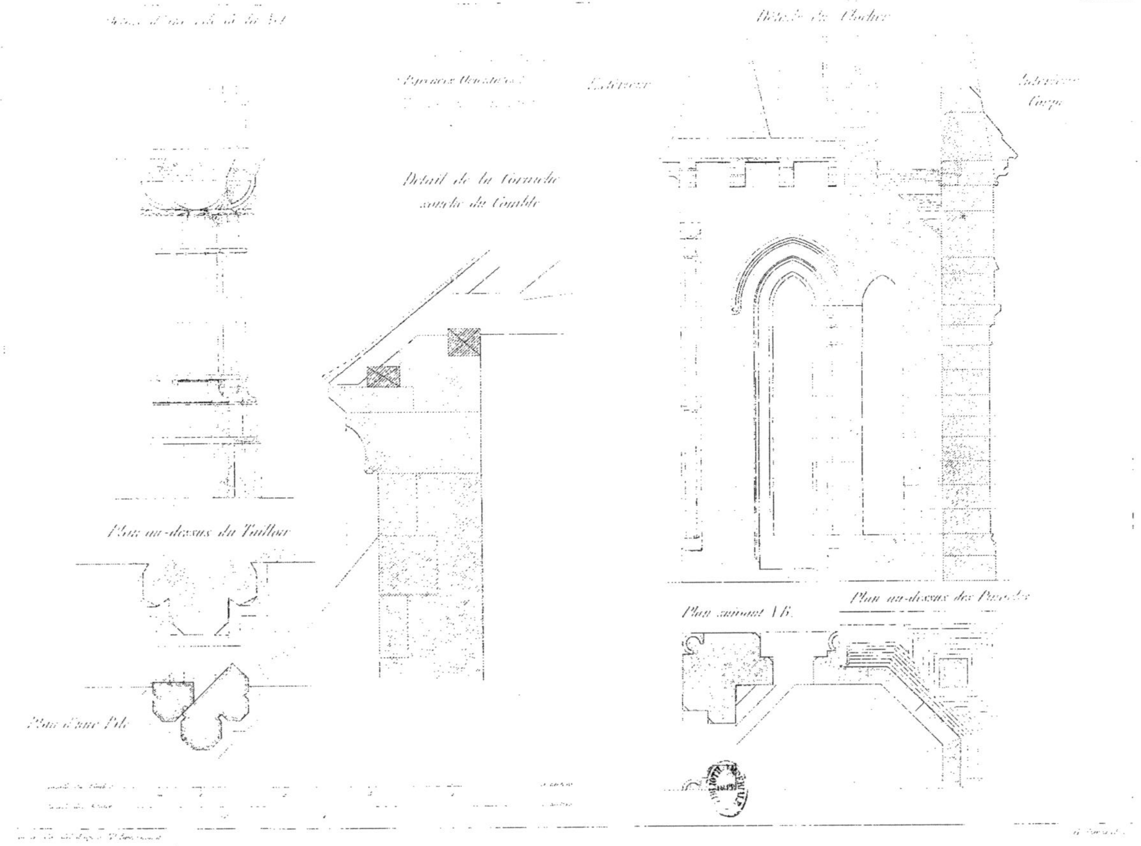

Détails du Clocher
Épreuve Monastérial
Extérieur
Intérieur Coupe
Détail de la Corniche sous le Comble
Plan au-dessus du Tailloir
Plan d'une Pile
Plan suivant AB.
Plan au-dessus des Piédroits

ÉGLISE DE CHATEAU-NEUF

DÉPARTEMENT DE SAÔNE-ET-LOIRE.

L'école romane bourguignonne nous a laissé des monuments religieux dont la combinaison des voûtes, toute particulière à cette province, et d'ailleurs fort habile, mérite d'être étudiée. Parmi ces exemples, l'église de Château-Neuf n'est pas un des moins intéressants, malgré ses dimensions assez restreintes. Elle présente, en plan, une nef principale et deux collatéraux, les transsepts sont renfermés dans le périmètre général, et destinés à épauler le clocher placé au centre de la croisée; deux chapelles disposées aux extrémités des bas côtés sont, comme le chœur, terminées par des absides en cul-de-four.

Examinons, planche 5, la figure qui donne, d'une part, la coupe sur la nef, de l'autre celle sur le clocher et un des transsepts. La nef, haute est couverte par un berceau ogival renforcé au droit de chaque pile par un arc doubleau que maintient un contre-fort extérieur; dans les intervalles, le berceau est contre-butté par le système des voûtes des bas côtés qui se compose, pour chaque travée, d'une voûte d'arête barlongue, dont une partie est relevée jusqu'au point où s'exerce la poussée du berceau supérieur.

Cette voûte ainsi combinée fait arc-boutant continu, et a en même temps l'avantage de reporter une partie de la charge sur les contre-forts des bas côtés ; un simple berceau longitudinal ne remplirait pas le même office, il exigerait un mur plus épais pour les bas côtés et n'aurait pas un aspect aussi architectural. Malgré sa simplicité, cette disposition est fort ingénieuse ; mais elle nécessite des piles énormes relativement à la largeur de la nef, et exige des bas côtés assez étroits. De plus, ce système n'est applicable qu'à des monuments de petite dimension, mais enfin c'est un système complet et qui permet d'élever une église avec économie, tout en lui donnant un caractère monumental.

La coupe sur le transsept (planche 5) et la coupe longitudinale (planche 4) feront comprendre la disposition des autres parties de l'édifice ; le clocher, élevé sur les quatre piles de la croisée, est surmonté, à l'intérieur, d'une coupole sur plan octogone irrégulier ; au-dessus, il reste carré et se termine par une flèche à section rectangulaire.

Les transsepts, ainsi que la travée qui fait partie du chœur, sont voûtés par de simples berceaux en ogive et contre-buttent le clocher sur trois points ; le quatrième est maintenu par la nef elle-même. Les chapelles et l'abside sont voûtées en cul-de-four et s'élèvent beaucoup moins que les transsepts, qui, eux-mêmes, sont plus bas que la nef.

L'église de Château-Neuf peut contenir cinq cents personnes ; ce monument coûterait aujourd'hui une somme de 125,000 francs environ, s'il fallait le reconstruire entièrement, en se basant sur le prix de la localité ; il est bâti en pierre dure de dimensions inégales qui varient de 0,25 à 0,40 c. ; les remplissages extérieurs sont montés en moellons piqués ; le moellon brut employé pour les parements intérieurs des murs est enduit de mortier. La nef et les bas côtés sont couverts en tuiles posées immédiatement sur les voûtes ; les absides sont dallées afin d'éviter les difficultés que présentent toujours les couvertures circulaires en tuiles de ce genre ; il en résulte qu'il n'entre pas de bois dans tout l'édifice. On remarquera que les pignons sont très-élevés au-dessus des combles, probablement dans le but de donner plus d'importance aux façades ; ce parti, généralement adopté dans la haute Bourgogne, ne s'explique pas et n'est certes pas à imiter ; il est bien plus sage et plus rationnel de n'isoler les rampants des combles que de 0,15 à 0,20 c. environ ; de cette façon, ils protégent, en les recouvrant, les raccords entre les murs et la couverture.

Quelques détails de cette nature sont assez négligés dans le monument qui nous occupe; néanmoins il peut être regardé comme un bon exemple à suivre : il est bien compris dans son ensemble, offre de bonnes proportions, et présente un aspect tout particulier, grâce à sa combinaison générale et à son ornementation encore empreinte des traditions antiques.

DEVIS SOMMAIRE.

	Quantités.	Prix.	Sommes.
MAÇONNERIE.			
Fouilles	314.60	1 50	471.90
Moellon en fondation	260.00	14 »	3.640.00
Pierre	595.51	70 »	41.685.70
Moellon brut (compris l'enduit de mortier)	614.40	15 »	9.216.00
Moellon piqué	389.02	60 »	23.341.20
Dallage	290.00	10 »	2.900.00
Taille de pierre	5950.00	5 »	29.750.00
COUVERTURE.			
Tuiles	406.00	4 50	1.827.00
Menuiserie			200.00
Serrurerie			600.00
Vitrerie (montée en plomb)	21.85	15 »	327.75
Sculpture			10.000.00
			113.959.55
Imprévu, 1/20			5.698.00
			119.657.55
Honoraires de l'architecte, 1/20			5.982.87
Total			125.640.42

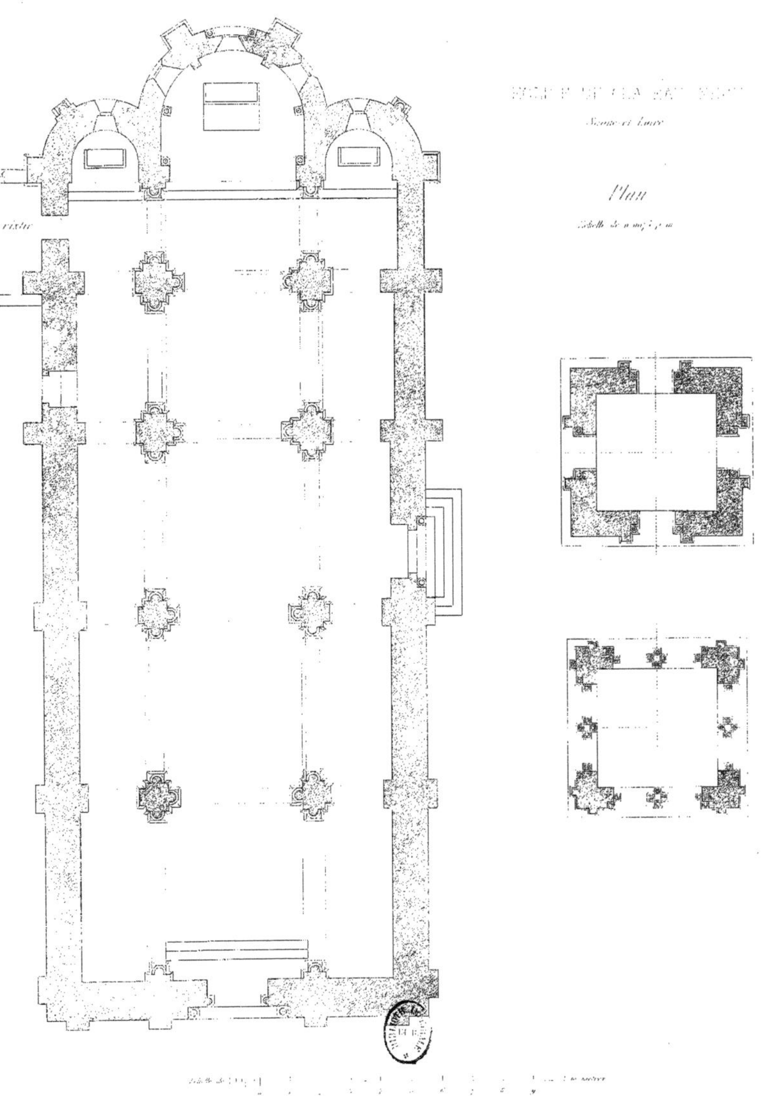
ÉGLISE DE ... LA ...
Seine et Loire

Plan

Échelle de 0 m 0[illegible] p m

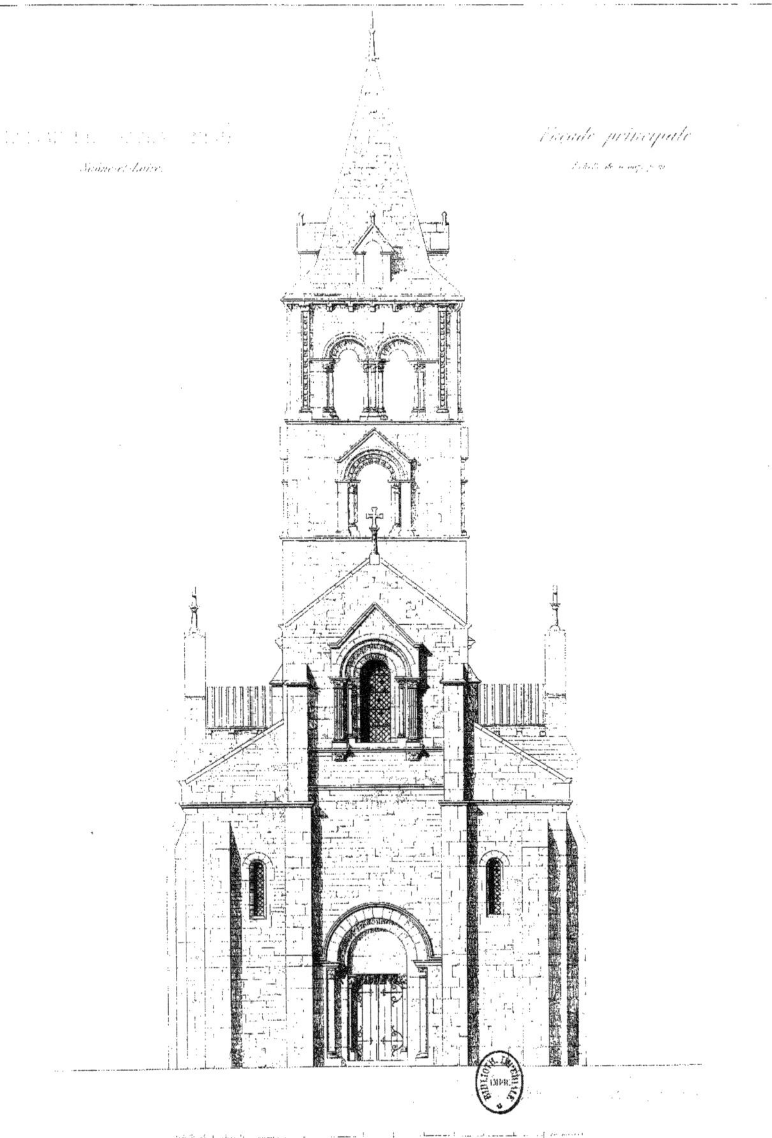
Saône-et-Loire.
Façade principale.

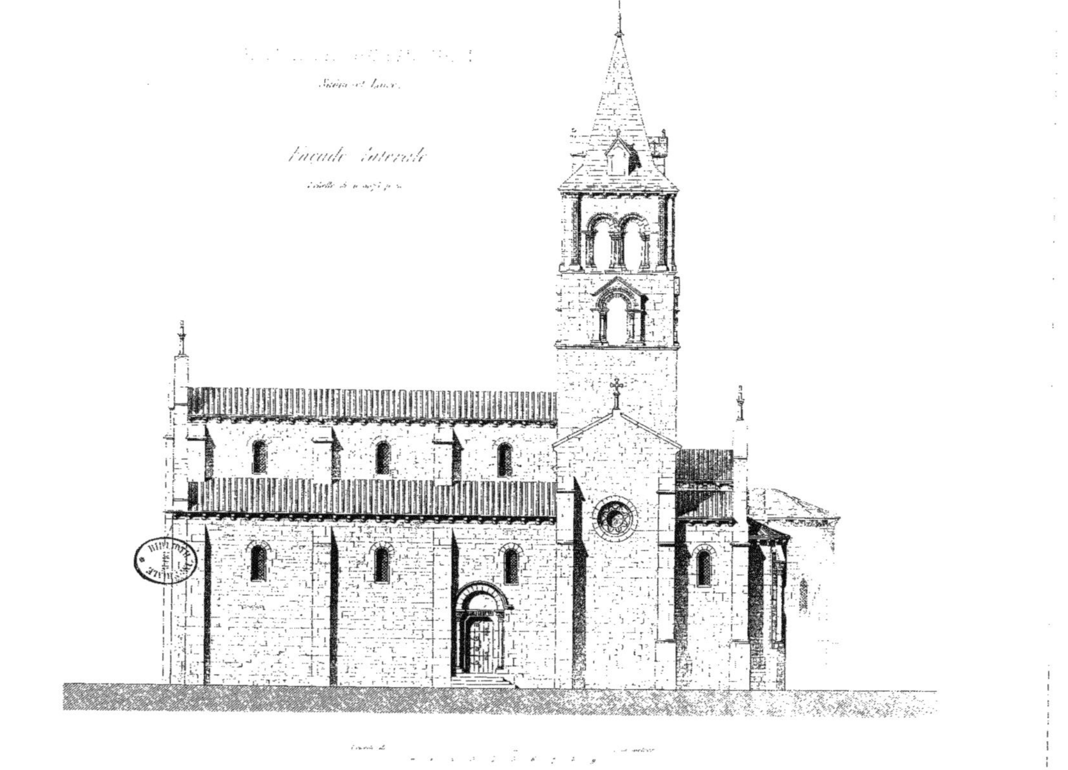

Façade latérale

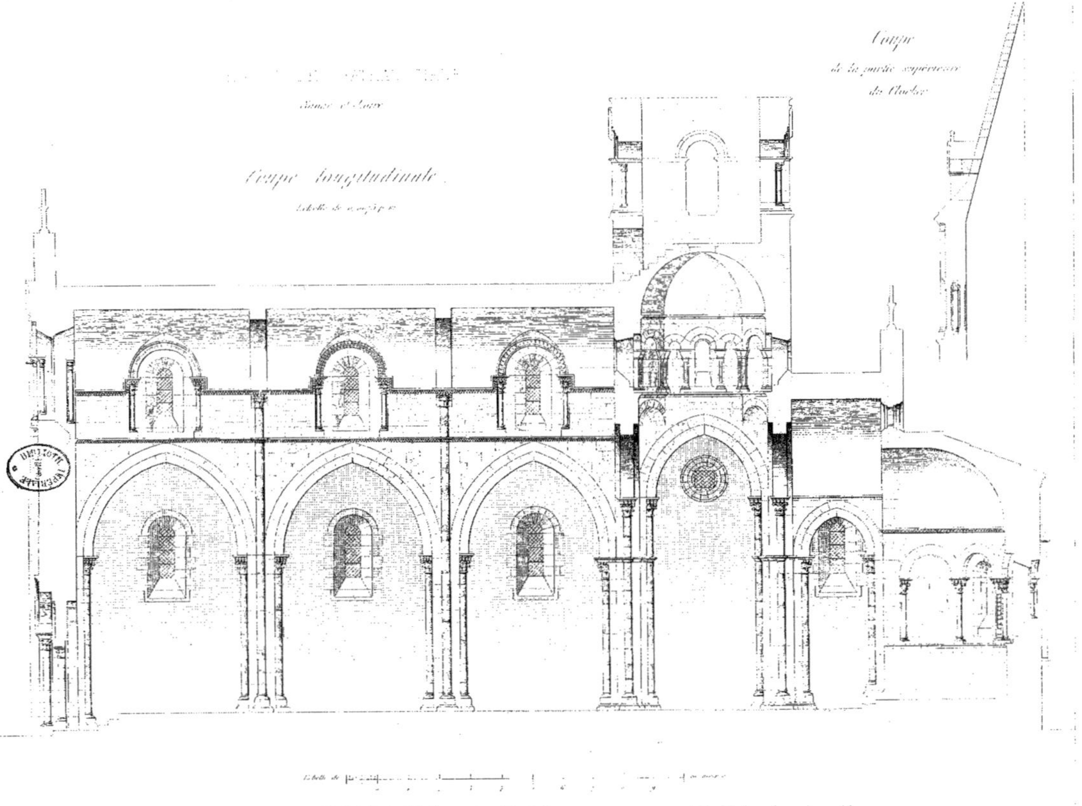

Saône et Loire
Coupe longitudinale.
Échelle de o m 075 p.m
Coupe
de la partie supérieure
du Clocher

Saône-et-Loire
Abside
Coupe sur la Nef
Coupe sur le Transept

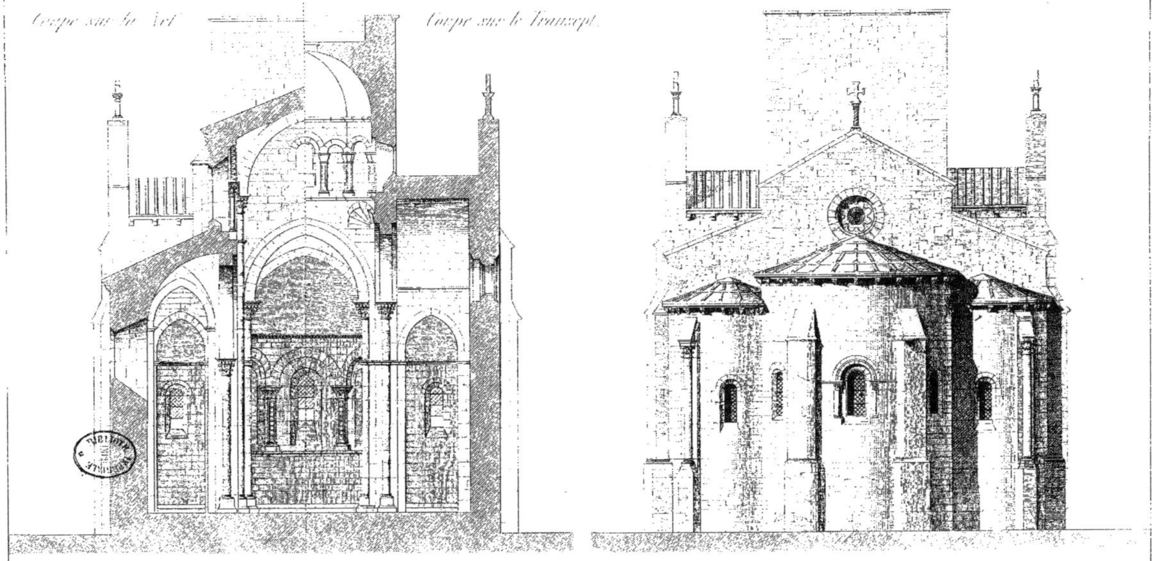

ÉGLISE SAINT-GIMER

A CARCASSONNE (AUDE)

Les fondations d'un édifice variant suivant la nature du terrain et la profondeur à laquelle il faut chercher le bon sol, nous n'avons pas cru devoir nous occuper de cette question dans les monographies précédentes, qui n'offraient d'ailleurs aucun intérêt particulier à cet égard. Il n'en est pas de même pour l'église Saint-Gimer dont les fondations ont exigé un soin tout spécial et des précautions inusitées. L'édifice est planté sur un versant très-incliné dont le point supérieur est occupé par le chœur; cette partie et un tiers environ de la nef sont bâtis sur le tuf, qui, à partir de là, décline sensiblement vers la façade où le terrain devient vaseux. Ne pouvant choisir un autre emplacement, il a bien fallu se décider à poser l'église, en grande partie, sur un sol factice de béton, c'est-à-dire depuis la façade jusqu'à la rencontre du tuf qui a été creusé dans une certaine longueur afin de dégager le chevet. Sous la nef la couche de béton a 2 mètres de hauteur, vers le clocher, elle est portée à 3 mètres. Depuis plusieurs années que la construction est terminée, il ne s'est manifesté aucun désordre, ce qui prouve, une fois de plus, qu'un sol factice bien établi offre toute garantie de sécurité. Nous tenons d'autant plus à signaler ce fait qu'il explique comment le chiffre porté au devis pour les fondations est aussi élevé.

Examinons maintenant à un autre point de vue le monument qui nous occupe; mais d'abord qu'on nous permette de placer ici quelques réflexions sur la manière dont on traite généralement nos églises modernes. Qui n'a entendu dire souvent et par bien des personnes : « Le style gothique est le seul qui puisse convenir à un monument religieux. » Nous ne prétendons nullement préconiser ou combattre cette opinion, nous constatons seulement qu'elle est très-répandue, ce que prouve d'ailleurs suffisamment le grand nombre d'églises élevées en France, et auxquelles on a tenté de donner, avec plus ou moins de succès, une apparence gothique. Malheureusement parmi ces œuvres, il en est peu qui soient sérieusement étudiées, beaucoup au contraire ne sont que des copies serviles ou même ridicules, et cela n'a rien de surprenant si l'on songe à la façon dont on procède souvent lorsqu'il s'agit de construire une église. Le programme dit presque toujours : « L'église sera élevée dans le style gothique du XIIᵉ ou du XIIIᵉ siècle, » si les ressources sont modestes; « du XVᵉ siècle, » si elles sont plus grandes. Dans tous les cas, afin de donner une apparence aussi riche que possible, les matériaux qui seraient

indispensables sont exclus parce qu'ils sont trop coûteux, les murs sont exécutés
en pans de bois et ravalés en plâtre, les voûtes dont la combinaison ne s'explique
qu'autant que les arcs sont appareillés en pierre ou en brique, les voûtes, disons-
nous, sont en lattis enduit, peu importe, pourvu que les arcs soient ogives ; le
type qui a servi de guide ou de modèle existe dans le nord de la France ; on le
reproduit dans le Midi, peu importe encore pourvu que l'église soit gothique.
Cependant quand l'œuvre est terminée, chacun se récrie qu'elle ne répond pas
au programme, qu'elle n'a pas de caractère, en un mot personne n'est satisfait,
et il n'y a là rien qui doive étonner. C'est qu'en effet, il ne suffit pas de copier et
surtout de copier maladroitement une église de tel ou tel siècle pour répondre aux
exigences actuelles, il ne suffit pas pour élever un édifice d'un caractère monumental, d'habiller une carcasse quelconque d'éléments divers pris de côté et
d'autre sans discernement.

A côté de ces tentatives déplorables, s'élèvent heureusement quelques constructions dans lesquelles on trouve une application sérieuse des principes du moyen
âge à nos besoins et à nos goûts ; ces œuvres ne sont pas gothiques dans le
sens qu'on attache généralement à ce mot, mais au contraire parfaitement de
notre temps et possèdent un charme tout particulier parce qu'elles sont raison-
nées. Nous avons déjà eu occasion, dans les livraisons précédentes, de donner
quelques exemples à l'appui de ce que nous avançons, et la monographie de
Saint-Gimer vient confirmer de nouveau notre dire. Il suffit d'examiner cet
édifice, pour se convaincre que l'architecte a cherché, avant tout, à tirer parti des
matériaux mis à sa disposition par raison de provenance ou d'économie ; ainsi
nous sommes bien convaincu que l'emploi de la tuile creuse, comme couverture,
a influé sur le monument tout entier, et il nous est facile de le prouver ; examinons
pour cela la coupe transversale. Avec le système des voûtes en arcs d'ogive, plus
le comble des bas côtés est plat, plus il est facile de restreindre la hauteur de la
voûte principale, par suite celle de l'édifice, et par conséquent d'éviter les arcs-
boutants ; or la tuile creuse n'exigeant qu'une très-faible pente, l'architecte a
profité de cet avantage pour placer aussi bas que possible la naissance des voûtes
hautes, tout en laissant au-dessus du comble des collatéraux, des roses occupant
toute la largeur de chaque travée, et donnant un grand jour à l'intérieur.
L'emploi de la tuile creuse sur le comble des bas côtés a donc été pour beaucoup
dans l'étude de la coupe, et par suite dans celle du plan, car il est bien certain que
la largeur relative des nefs n'a pu être déterminée avant que la coupe n'ait été
préparée ; supposons, en effet, que la nef centrale fût plus étroite, la naissance
des voûtes restant au même point et le développement des arcs ogives étant plus
court, l'espace compris entre la corniche supérieure et le comble du bas côté
sera diminué et les jours deviendront plus petits. Si au contraire la nef est élargie,
les roses qui suivent le développement des arcs, deviendront plus grandes et
même trop grandes, puisqu'elles ne pourront plus se loger dans l'intervalle de
chaque travée.

Ce raisonnement prouve donc que la tuile creuse a commandé les proportions et par conséquent l'aspect de l'édifice, non pas seulement parce que les pignons devaient être forcément plats et que la couverture du clocher ne pouvait être élancée comme une flèche couverte d'ardoises, mais parce que de son emploi résulte un système général de construction tout particulier. Si nos lecteurs veulent bien examiner avec attention les planches de Saint-Gimer, ils verront que les détails comme l'ensemble sont étudiés sérieusement, c'est-à-dire que chaque chose a sa raison d'être et n'est pas le résultat d'une fantaisie.

La construction est exécutée en pierre de taille pour les piles intérieures, les arcs et les roses, en moellon piqué pour les contre-forts, et en moellon brut pour les tapisseries ; les voûtes de la nef et des bas côtés sont en briques de plat hourdées en plâtre ; celles de la nef, étant plus étendues que celles des collatéraux, sont maintenues et posées sur des arcs ogives et arcs doubleaux en pierre de Beaucaire, tandis que celles des latéraux ne possèdent que des arcs doubleaux ; les unes comme les autres sont tracées suivant le principe de la voûte d'arête gothique. Nous ne croyons pas utile de donner dans le texte des détails plus étendus ; nous dirons seulement, pour l'intelligence des planches et du devis, que le grand appareil indique pour les soubassements la pierre dure de Villegly, en élévation, la pierre de Beaucaire ; que le petit appareil représente le moellon piqué ; le moellon brut est enduit de mortier à l'extérieur et à l'intérieur.

DEVIS (Résumé du Décompte général.)	QUANTITÉS	PRIX	SOMMES
MAÇONNERIE (FONDATIONS)	m. c.	f. c.	f. c.
Béton	183.88	25.00	4.597.00
Moëllon	380.28	8.00	3.042.00
MAÇONNERIE EN ÉLÉVATION			
Moellon brut	830.96	8.00	6.647.68
Moellon piqué	241.08	40.00	9.643.20
Pierre blanche de Beaucaire	350.17	55.00	19.259.55
Pierre grisette de Beaucaire	91.95	65.00	5.976.75
Pierre dure de Villegly	98.42	80.00	7.873.60
	m. s.		
Marches en pierre dure à l'extérieur (superficie)	114.05	12.00	1.368.60
Marches en pierre dure à l'intérieur	28.70	20.00	574.00
Dallage en pierre	522.42	7.00	3.656.94
Dallage en marbre	33.82	40.00	1.352.80
Trottoir extérieur en dalles	8.26	7.00	57.82
CHARPENTE	m. c.		
Grand comble et bas côtés (sapin)	42.07	70.00	2.944.90
Grand comble (chêne)	3.88	120.00	465.60
	m. s.		
Planchers de la tribune et des sacristies	123.65	15.00	1.854.75
COUVERTURE			
Grand comble, bas côtés, clocher, etc., tuile creuse (superficie)	m. s. 991.45	6.00	5.948.70

(SUITE)

	QUANTITÉS	PRIX	SOMMES
SERRURERIE	kil.	f. c.	f. c.
Étriers. boulons, bandes en fer et clous	177.00	1.00	177.00
Tirants en fer, croix, consoles, etc	679.00	2.00	1.358.00
Chaînage en fer	433.00	0.60	259.80
Ferrures des vitraux	433.00	1.25	541.25
MENUISERIE	m. s.		
Portes des porches	20.27	38.00	770.26
Plafond du porche en chêne	5.10	13.00	66.30
Portes latérales	24 81	18.00	446.58
Balustrade de la tribune	6.50	45.00	292.50
16 croisées	11.36	12.00	136.32
Escalier du clocher	»	»	312.00
DIVERS			
Voûte de la nef et des bas côtés, hourdées en briques de plat, compris l'enduit en plâtre	755.97	5.00	3.779.85
Enduits des murs	1.185.90	1.40	1.660.26
Cloisons doubles	33 94	3.00	101.73
Cloisons simples	6.85	1.50	10.27
Carrelage ordinaire	5.10	1.50	7.65
Plafonds	5.53	1.50	8.29
Vitraux en verre blanc	8.95	22.00	196.90
Cheneau dans tout le pourtour de l'église et tuyaux de descente	117.80	2.50	294.50
Carreaux aux croisées des sacristies	32.00	0.80	25.60
ARTICLES EN ARGENT			
14 roses en pierre grisette	14	106.80	1.495.20
20 colonnettes en pierre dure	20	8.00	160.00
22 culots sous ces colonnettes	22	8.00	176.00
22 chapiteaux sculptés	22	45.00	990.00
Une croix en pierre sur la façade	1	50.00	50.00
Appui de communion en pierre			484.50
7 porte-reliques dans le sanctuaire	7	25.00	175.00
2 crédences pour le maître-autel	2	30.00	60.00
8 crédences pour les chapelles latérales	8	15.00	120.00
Socles pour les fonds baptismaux			20.80
Maître-autel			1.254.00
4 autels latéraux	4	500.00	2.000.00
Autel de la Vierge (retable et parquet)			150.00
Peinture			67.00
Quincaillerie			967.00
Plomberie			272.30
Frais de cintres pour toutes voûtes et baies			2.000.00
TOTAL			94.797.95
A retrancher le rabais de 5 0/0			4.739.90
RESTE			90.058.05
Honoraires de l'architecte 1/20			4.502.90
TOTAL GÉNÉRAL			94.560.95

Imprimerie L. TOINON et Cᵉ, à Saint-Germain.

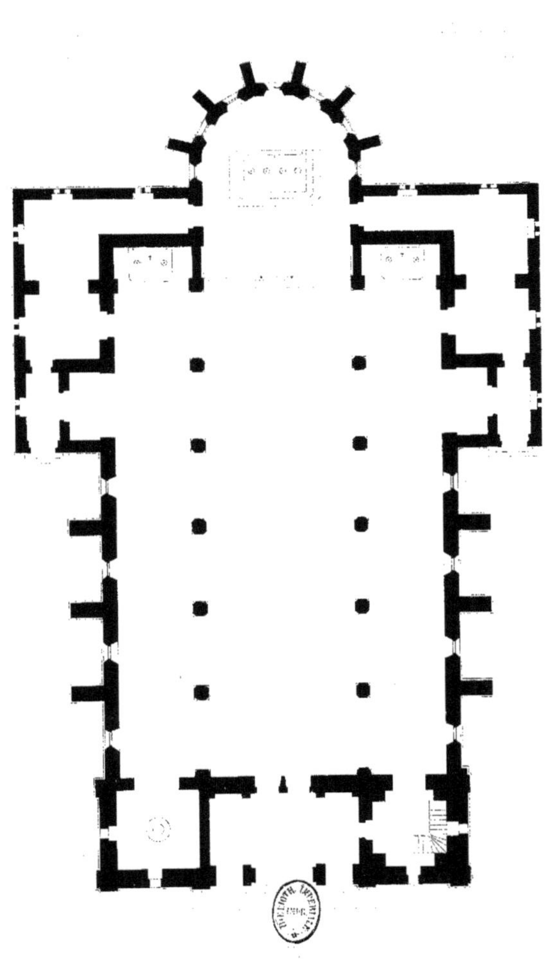

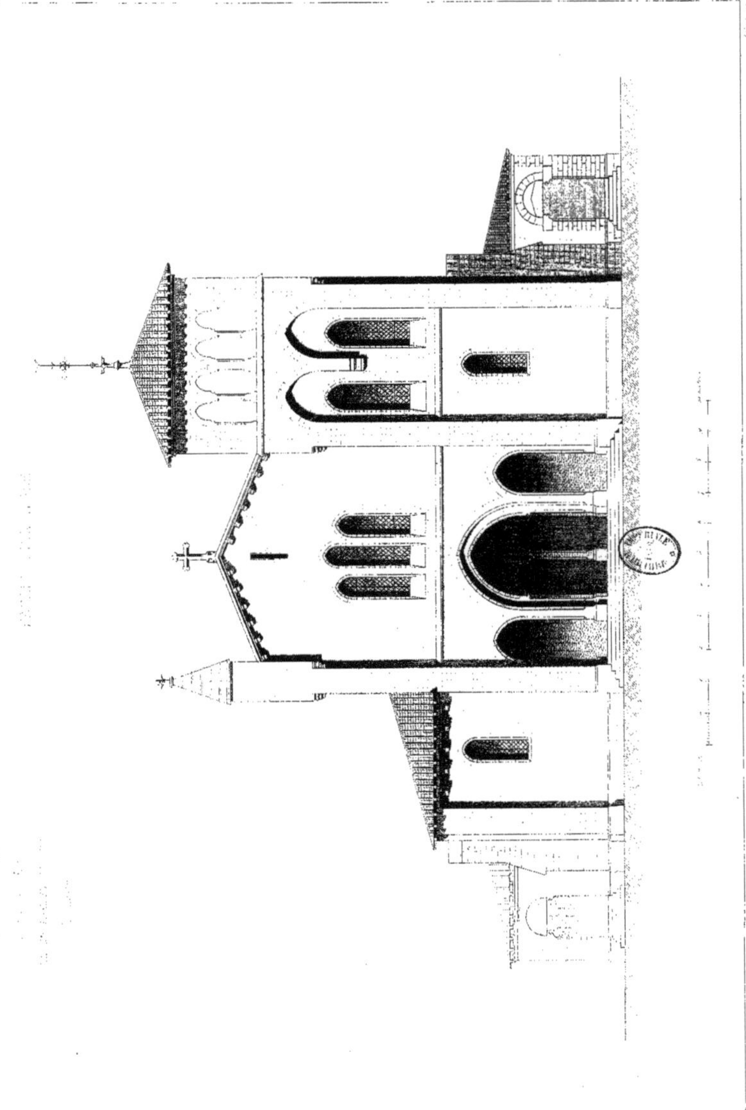

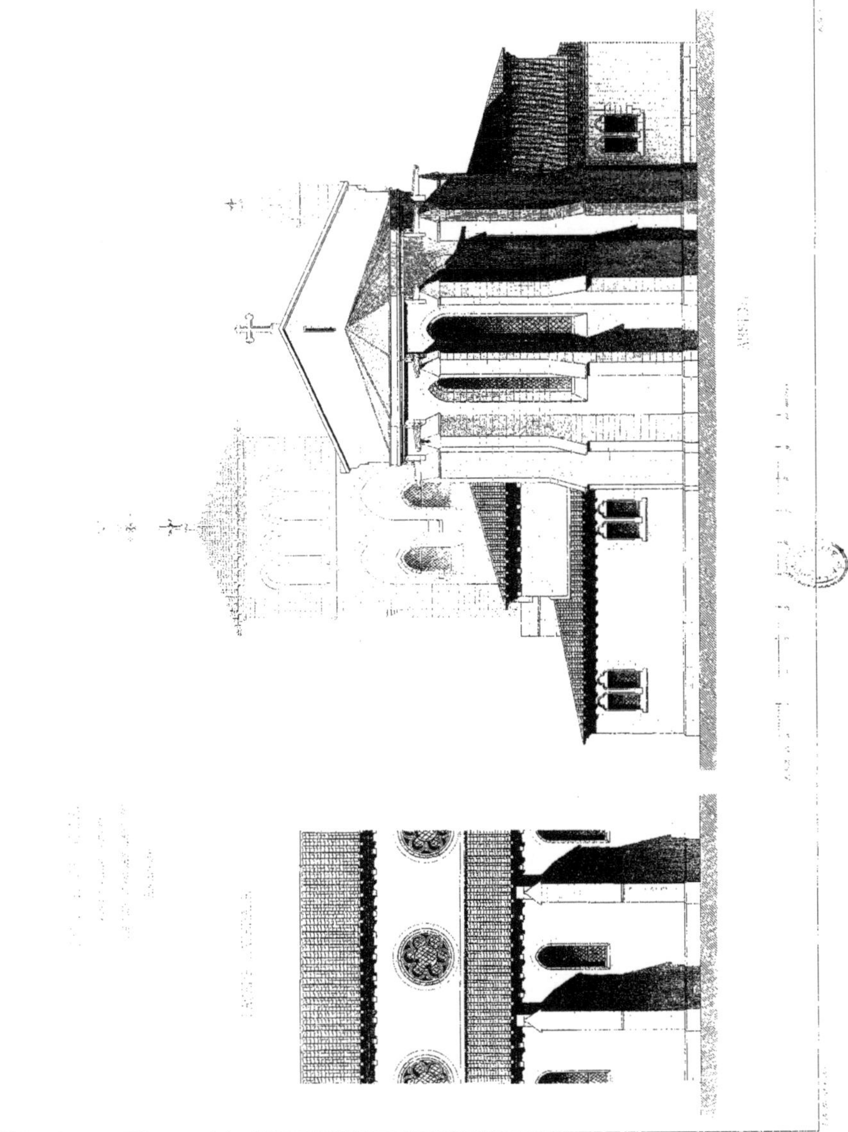

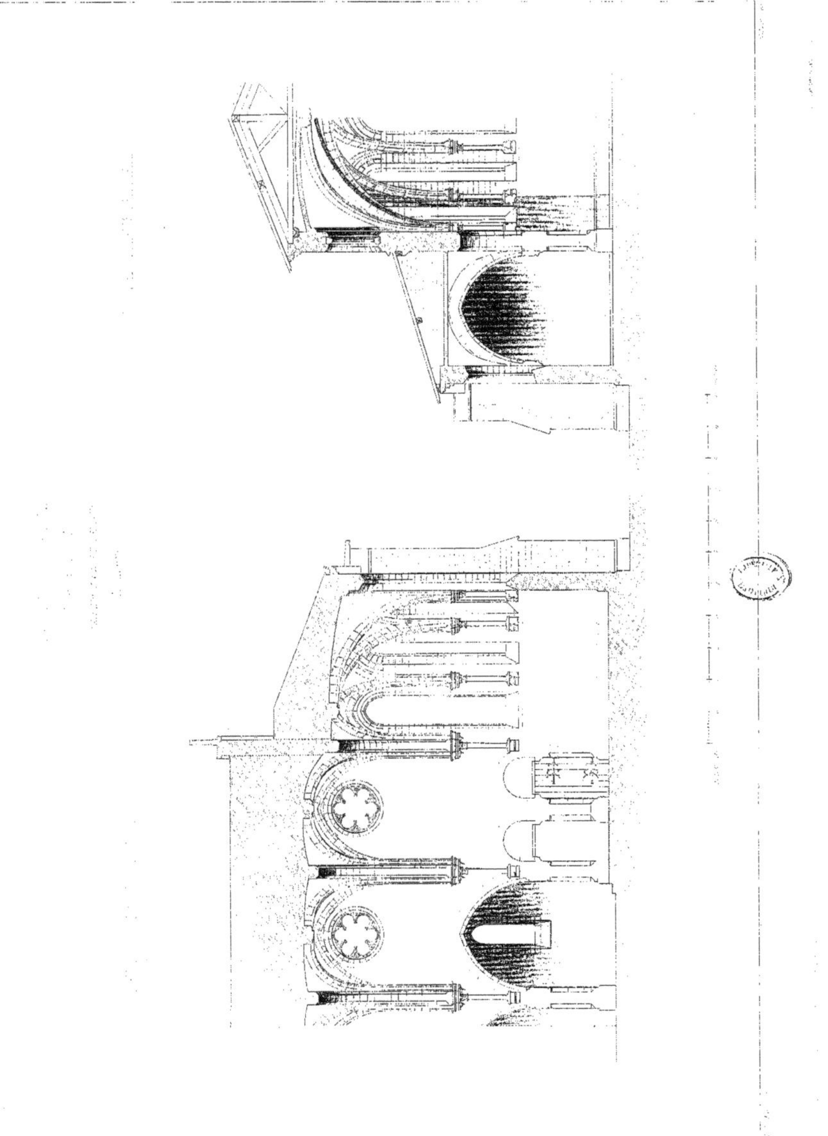

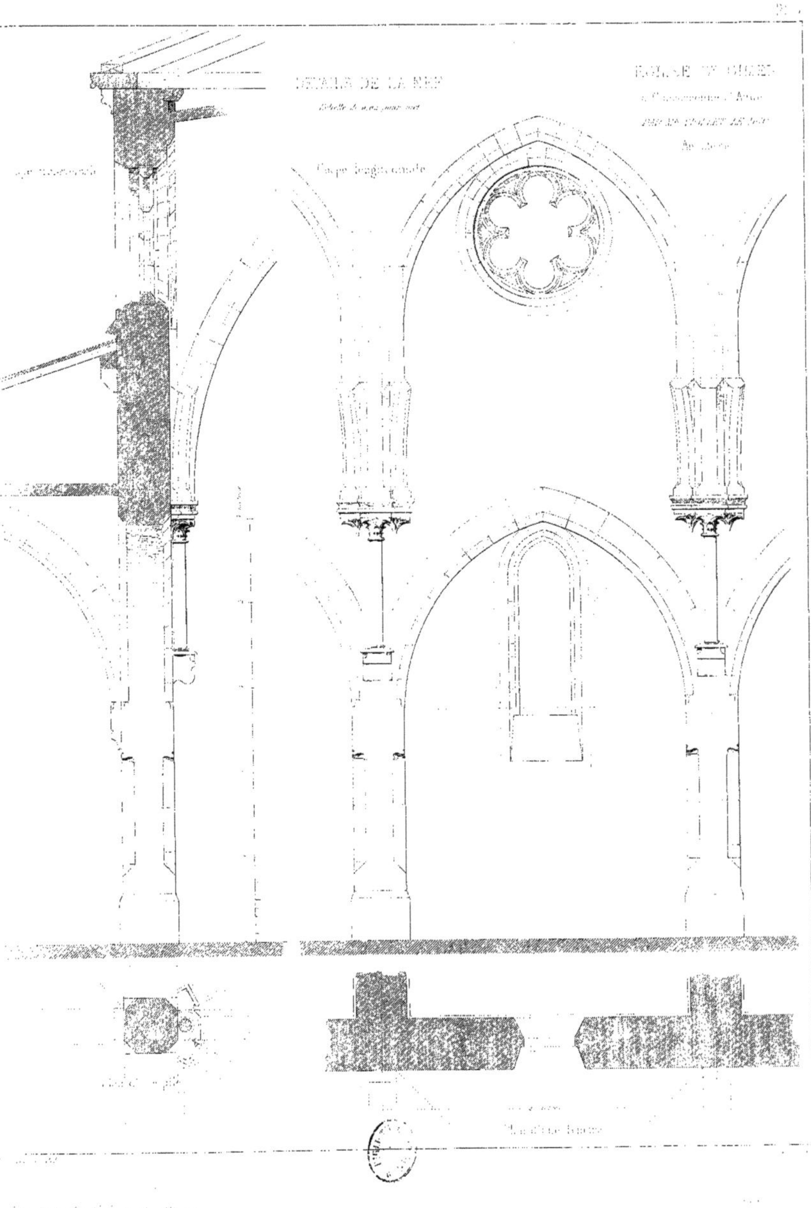
DÉTAILS DE LA NEF
Échelle de 0,02 par mètre
Coupe longitudinale
ÉGLISE N.-D. DE ...
à ...
PAR M. VIOLLET-LE-DUC
AN ...

CHAPELLE DU PETIT SÉMINAIRE

DE PARIS

On s'étonnera peut-être que, dans un recueil d'églises, nous donnions comme exemple une chapelle de séminaire ; en effet, la disposition qu'il est bon d'adopter dans celle-ci ne semble pas convenir complétement à une église, la chapelle étant une construction privée se rattachant forcément à un ensemble de bâtiments dont elle dépend, l'église, au contraire, étant un monument isolé et ouvert à tout venant. Mais il n'y a là qu'une question d'abords et de détails ; quant à l'ensemble, il peut être le même ; dans l'un comme dans l'autre cas, il s'agit de couvrir une nef unique ou trois nefs réunies. Le parti pris, le système de construction adoptés pour une chapelle peuvent l'être également pour une église de même dimension, et certes un grand nombre de nos églises de village ne demandent pas plus de développement que la chapelle du petit séminaire de Paris, qui peut contenir plus de quatre cents personnes. Ceci posé, nous n'avons pas hésité à présenter cet exemple, qui vient d'ailleurs fort à propos résoudre une question d'actualité ; voici comment : sans donner du monument une description que les planches font suffisamment comprendre, nous dirons que la nef est couverte par une charpente apparente. Or, dans la plupart des cas, lorsque les ressources d'une commune sont restreintes, il faut adopter ce parti ; seulement on déplore souvent la nécessité d'accompagner ces voûtes en bois d'entraits apparents ; sans partager cette manière de voir à l'égard des entraits qui font bien valoir la fonction de chaque ferme, et donnent un certain caractère à l'intérieur d'une église de campagne, nous pensons qu'il est bon de ne pas se borner à ce système élémentaire, et sommes heureux de pouvoir fournir, dans cette monographie, une charpente dépourvue d'entraits, et dont la combinaison, la solidité et l'effet ne laissent rien à désirer.

Examinons la disposition de cette charpente : la nef, terminée à ses extrémités par deux pignons en maçonnerie, a une longueur de 24 m. 50 c., sur une portée de 10 m. 40 c. dans œuvre ; les fermes, au nombre de six, sont espacées de 3 m. 50 c. d'axe en axe. Sur la corniche de chaque mur latéral est disposé un double cours de sablières destinées à recevoir la partie inférieure des fermes et l'extrémité des chevrons. Nous donnons, planche 4, en X, le détail d'une ferme ; en Y, une travée dans le sens longitudinal. Le blochet B, assemblé à mi-bois et à queue d'aronde avec les sablières, reçoit deux arbalétriers A et *a*, qui s'assemblent dans un poinçon P, lequel est relié à son extrémité inférieure par deux moises MM, qui forment entraits retroussés ; au droit de chaque ferme a été disposée une colonnette en pierre sur le chapiteau de laquelle pose un poteau vertical P' qui est assemblé dans le blochet ; un système de moises N maintient ce poteau, les deux arbalétriers et le blochet. Il est clair que théoriquement les deux triangles rigides obtenus par ces deux combinaisons de moises avec les diverses pièces qui composent la ferme, offrent toute garantie ; pratiquement, nous ajouterons que la charpente posée depuis deux ans n'a exercé aucune poussée sur les murs latéraux ; il faut dire, d'ailleurs, qu'elle a été exécutée avec tout le soin qu'exige un système de ce genre. Voyons maintenant comment est disposé le lambris, et quel parti l'architecte a tiré de la structure de la charpente au point de vue de la décoration. Des fourrures F et *f* assemblées entre elles à mi-bois et sur lesquelles est cloué le lambris, sont disposées entre chaque ferme ; elles reposent à leur partie inférieure sur une poutre armée V, qui porte d'un blochet à l'autre ; à leur extrémité supérieure, elles sont maintenues, les unes F, par une plateforme *o*, laquelle porte sur les moises OO qui relient les poinçons des diverses fermes entre eux ; les autres *f* par les pièces R ; le lambris cloué dans le sens longitudinal se compose de planches à baguettes de 0 m. 11 c. de largeur, qui sont roidies de distance en distance par les couvre-joints J. Le détail en perspective D indique la décoration des contrefiches, qui sont enfermées dans des consoles en planches assemblées, et donne en même temps la disposition des petits plafonds régnant d'un blochet à l'autre. Ces consoles et l'extrémité des poinçons fournissent deux motifs de décoration qui indiquent la position de chaque ferme, et rompent la monotonie que présenterait une longue voûte sans divisions apparentes. Cette voûte, ainsi que les murs de la chapelle, sont décorés de peintures murales; nous regrettons que le cadre de cette publication ne nous permette pas de donner des planches chromo-lithographiques, et sommes obligés de nous contenter de reproduire dans les coupes la disposition des ornements peints et d'indiquer ici les différents tons :

Ton général des murs	Pierre.
Refends, archivoltes, frise au-dessus des chapiteaux.	Brun rouge.
Frise au-dessus de l'arcature	Vert soutenu.
Fond des arcatures	Vert foncé avec ornements noirs, redessinés en jaune.
Fûts des colonnettes	Vert pâle.
Chapiteaux	Feuilles vertes, fond vermillon.
Corniche	Vermillon, vert et or.
Consoles	Bois clair, ornements blancs et verts.
Plafonds	Bois clair, couvre-joints blancs, avec chanfreins brun rouge.
Ton général de la voûte	Bleu vert tendre, couvre-joints blancs avec bâtons rompus noir et chanfreins brun rouge.
Baguette séparant le lambris	Blanc.
Faîtage	Bleu, vermillon.

Dans le chœur, les couvre-joints sont dorés avec chanfreins brun-rouge.

Derrière l'autel est peint un voile composé d'ornements sur fond violet foncé ; ce voile est destiné à faire valoir l'autel qui est aussi décoré de peintures et de dorures.

La peinture de la chapelle du séminaire produit un effet charmant, c'est une œuvre complétement réussie, qui fait regretter de ne pas voir plus souvent employer ce moyen décoratif; il serait certainement difficile d'y avoir recours pour la plupart de nos églises de village, à cause du manque d'ouvriers assez habiles ; mais dans le voisinage des grandes villes, il est possible d'utiliser ce mode d'ornementation, qui peut d'ailleurs être très-simple et par conséquent peu coûteux.

EXTRAIT DU DEVIS

	QUANTITÉS	PRIX	SOMMES	TOTAUX
	m. c.	f. c.	f. c.	f. c.
Fouilles	182.97	3.65	667.84	667.84

MAÇONNERIE

	QUANTITÉS	PRIX	SOMMES	TOTAUX
Béton	121.98	19.60	2.390.84	
Moellon en fondations	53.83	22.95	1.235.40	
Pierre dure pour socles	76.124	110.10	8.373.64	
Pierre dure pour bandeaux, appuis, etc.	19.500	91.00	1.774.50	
Taille de la 1re	307.17	7.50	2.303.78	
Taille de la 2e	315.90	5.00	1.579.50	
Pierre tendre de Vergelé	169.354	68.00	11.515.87	
Taille de ladite	2.282.53	2 20	5.021.57	
Moellon piqué (le mètre superficiel)	703.79	4.00	2.815.16	
Enduits (superficie)	632.65	0.85	537.75	
Plus-value pour montage			523.44	
Légers divers, scellements, etc			1.795.35	
TOTAL				48.405.57

CHARPENTE

	QUANTITÉS	PRIX	SOMMES	TOTAUX
Comble de la chapelle, chêne	20.00	118.50	2.370.00	
— sapin	35.00	94.00	3.290.00	
Cerces pour recevoir le lambris	728.00	5.00	3.640.00	
Lambris, planches de 0,27	349.50	8.00	2.796.00	
Escalier montant à la tribune			315.00	
Plus-value pour moulures			500.00	
Comble du porche et de la sacristie			800.00	
TOTAL				13.711.00
Serrurerie				3.380.00
Menuiserie				5.700.00
Couverture				6.000.00
Peinture				9.000.00
Sculpture				2.000.00
TOTAL GÉNÉRAL				88.864.41

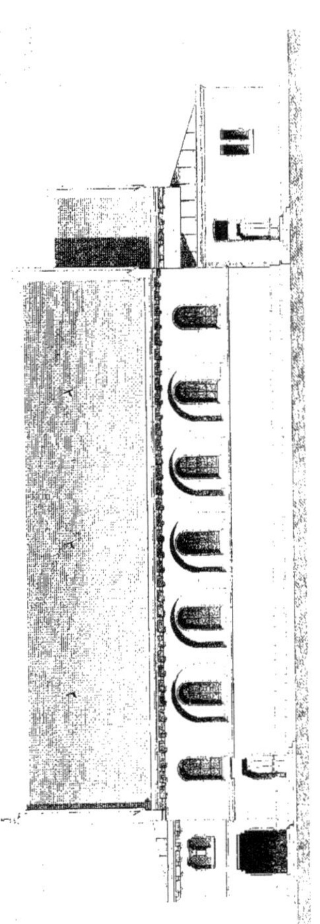 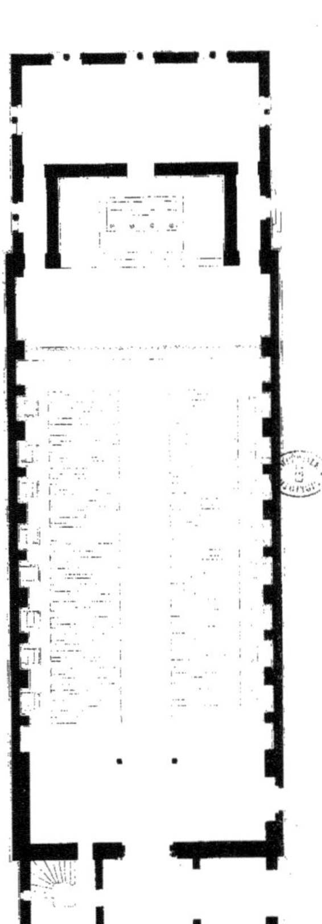

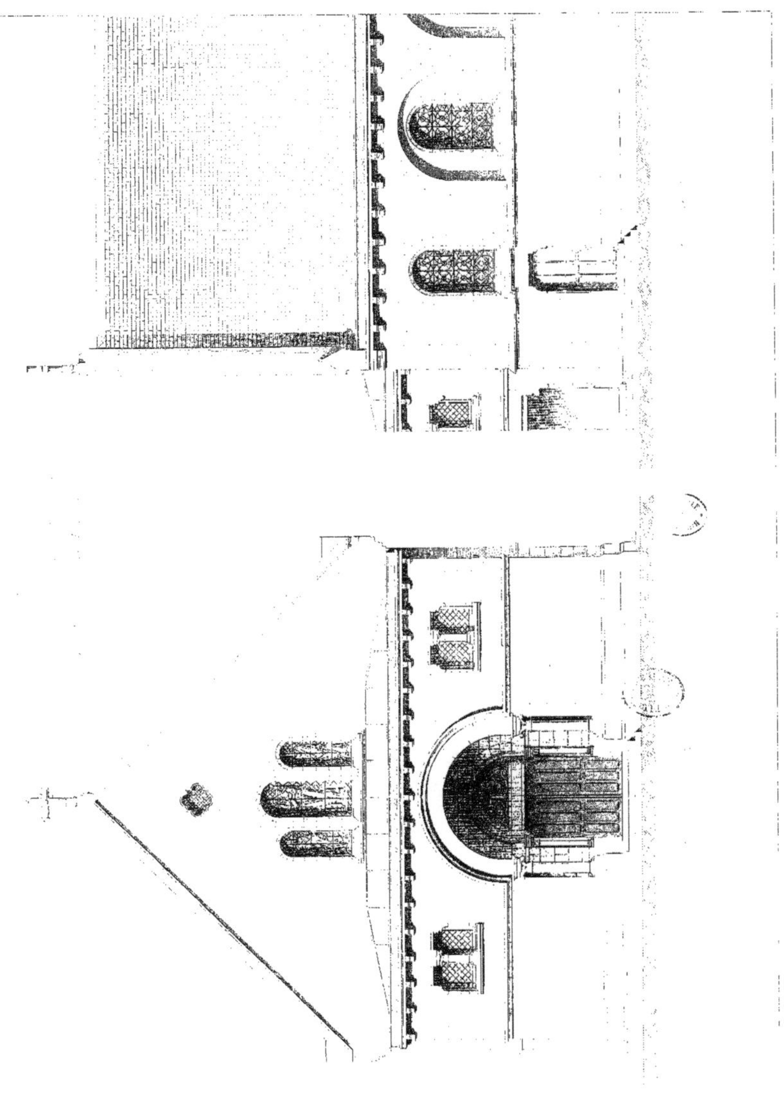

CHAPELLE
du Petit Séminaire de Paris
par Mr .... architecte
Coupe transversale.   Échelle de 0,01 pour mètre 1
Abside

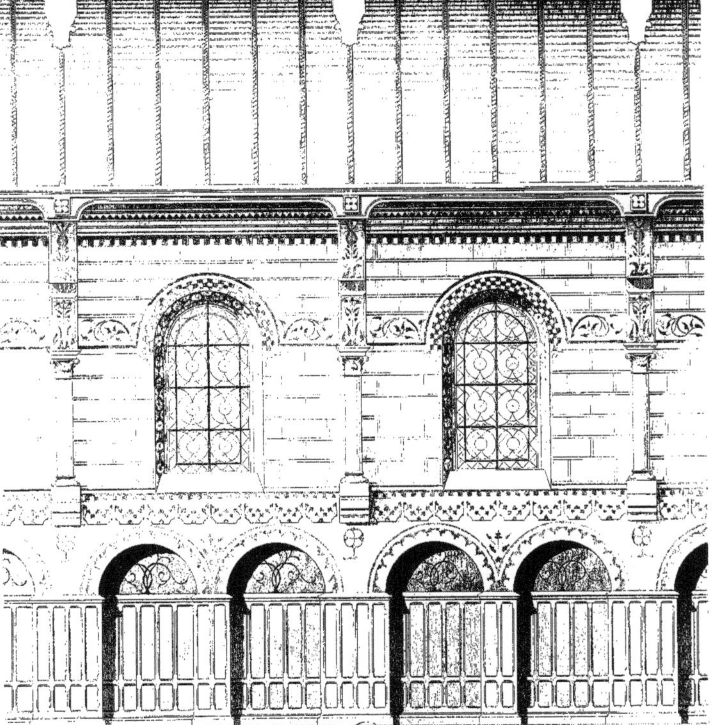

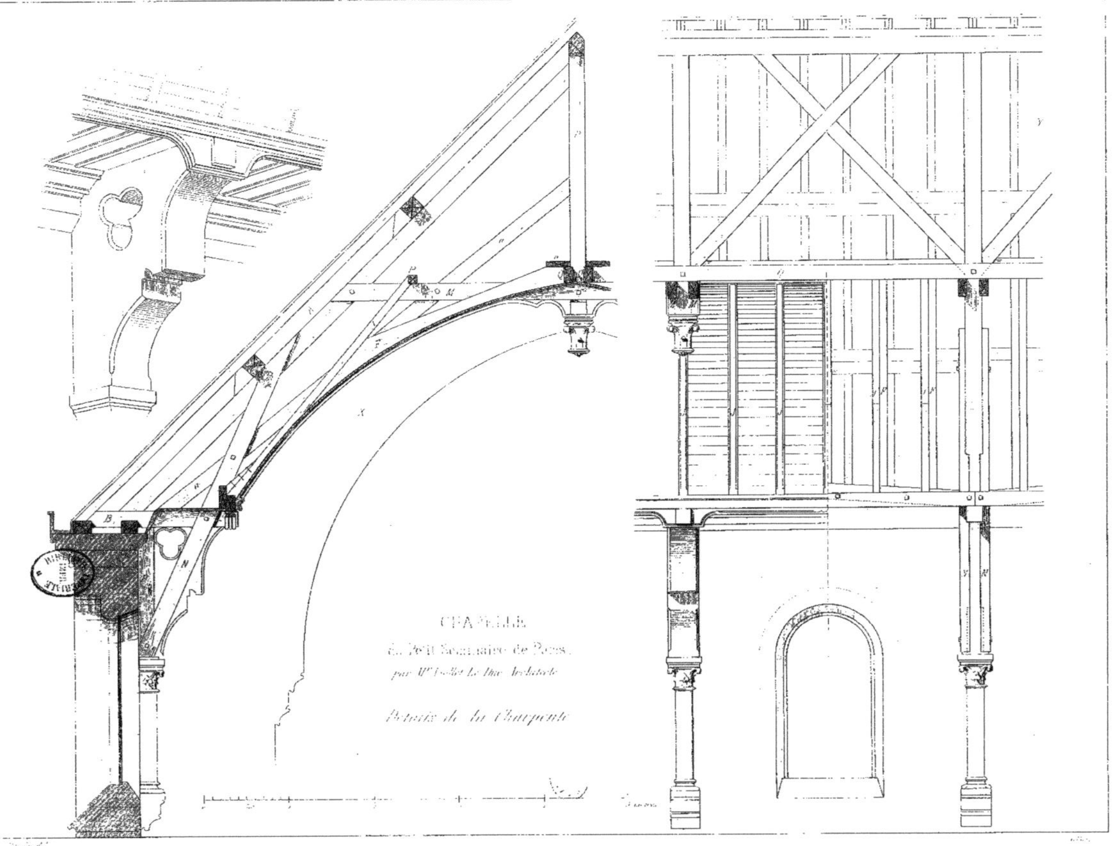

CHAPELLE
du Petit Séminaire de Reims.
par Mr Loffie Le Duc Architecte

Détails de la Charpente

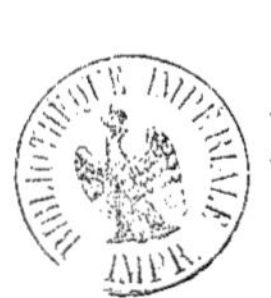

ÉGLISE
DE LA FERTÉ-ALEPS

(SEINE-ET-OISE)

Cette église, dont la construction remonte aux premières années du
XII⁰ siècle, nous est parvenue sans avoir subi de modifications importantes depuis
son origine. C'est chose rare que de trouver, parmi les nombreux monuments
de cette époque que possède l'Ile-de-France, un ensemble aussi complet ; aussi
avons-nous cru intéressant de publier celui-ci malgré les défauts qu'on peut lui
reprocher et que nous allons d'ailleurs signaler.

Quoiqu'il présente un certain ensemble, il ne paraît pas avoir été élevé pré-
cisément d'un seul jet ; ce qui nous porte à le croire, c'est la différence de hauteur
qui existe entre le chœur et la nef. Nous ne voulons pas dire que toujours ces
deux parties d'une église doivent avoir la même élévation, loin de là ; mais alors
la transition doit être indiquée franchement. Dans le cas qui nous occupe, la
surélévation de la nef est trop insignifiante pour avoir une raison d'être, et,
quoique assez adroitement dissimulée dans l'intérieur, elle ne produit pas un
bon effet. Extérieurement, ce défaut est encore plus sensible. Nous n'avons
pas, néanmoins, voulu dénaturer l'aspect de l'édifice et le représentons tel qu'il
est ; nous avons seulement rétabli extérieurement le pignon qui sépare la nef
des transsepts et qui existe encore dans l'intérieur des combles.

D'autre part, nous ferons remarquer que si le clocher est bien situé,
eu égard à la position qu'il occupe en place, il se relie assez mal aux
couvertures ; il y a dans le raccord des combles et des faces du clocher une
complication fâcheuse pour l'écoulement des eaux. Dans une église de village, pour la construction et l'entretien de laquelle on ne dispose que de
faibles ressources, on ne saurait trop chercher les moyens les plus simples
et les plus francs. Nous n'hésitons donc pas à dire que si le clocher de la
Ferté-Aleps est bien situé en plan, et que s'il offre, par le fait de sa situation
un certain effet pittoresque en élévation, cette disposition est défectueuse en principe lorsqu'il s'agit d'une église possédant des transsepts. Pris en lui-même, ce
clocher est parfaitement compris ; il est simple, mais d'une heureuse silhouette ;
la chapelle circulaire qui l'accompagne et occupe les deux étages inférieurs, est
d'un charmant effet. Quelle était sa destination ? nous ne saurions le dire d'une
manière positive. Peut-être était-elle destinée à renfermer le trésor dans la
partie supérieure. Ce qui nous porterait à le croire, c'est la combinaison toute

particulière de l'escalier qui est soutenu par un cul-de-lampe et dont la première marche correspond au niveau du premier étage de la chapelle. Du sol de l'église, on ne pouvait arriver à cette chapelle haute qu'au moyen d'une échelle et par une ouverture pratiquée sur le mur commun au transsept et au clocher. Quoi qu'il en soit, cette disposition de l'escalier n'est pas le résultat d'une fantaisie, et dénote bien, au contraire, l'intention de rendre inaccessible le sol de la chapelle supérieure. Ce fait prouve une fois de plus que les constructeurs du moyen âge cherchaient avant tout à satisfaire le besoin, et que, ce but rempli, ils savaient en tirer partie au point de vue de la décoration. Combien ne serait-il pas à désirer qu'on procédât aujourd'hui de la même manière, au lieu de faire plier nos besoins à une décoration déterminée à l'avance, comme cela se voit trop souvent dans nos monuments modernes.

Examinons maintenant la combinaison des voûtes. Toutes sont construites sur plan barlong, suivant le système des arcs ogives. Nous ferons remarquer que le tracé de celles du chevet, dont le plan est circulaire, laisse à désirer; la clef à laquelle viennent se réunir les arcs ne correspond pas au centre de l'abside comme cela devrait être; il en résulte un encombrement d'un mauvais effet entre l'arc doubleau et les deux arcs reposant sur la même pile que lui. Nous ferons la même observation pour les petites chapelles. Au point de vue des détails, les voûtes du chœur et celles des transsepts sont beaucoup mieux étudiées que celles de la nef. Les piles et les chapiteaux qui reçoivent les premières, sont bien combinés en raison de la section des arcs. Les secondes, au contraire, retombent sur des points d'appui dont la forme ne se prête pas à la combinaison de leurs arcs. Ces piles de la nef sont solidement construites, présentent une forte assiette destinée à résister à la charge et à la poussée des arcs doubleaux et diagonaux; les conditions de solidité sont parfaitement remplies, mais elles n'excluaient pas l'emploi d'une forme plus agréable et plus en harmonie avec les divers membres de l'ensemble. Il y a loin encore de ces tâtonnements au système complet, développé avec tant de perfection dans les monuments élevés vers la fin du XIIe siècle. Quoi qu'il en soit, le monument qui nous occupe mérite d'être étudié; si les détails ne sont pas parfaits, l'ensemble est largement compris, présente de bonnes proportions, et ne manque pas d'un certain caractère de grandeur. Avec un peu plus d'étude et d'unité, cet édifice pourrait offrir un des types les plus intéressants et les plus complets d'église à une nef accompagnée de transsepts.

Comme donc toutes les constructions de cette époque, les points solides, les angles, etc., se composent de carreaux, de pierres enfermant des blocages; leurs intervalles sont construits en moëllon piqué, excepté pour le clocher dont les parements extérieurs sont en pierre.

Nous donnons ci-après le cube des matériaux.

DEVIS (Résumé du Décompte général).	QUANTITÉS.
NEF, CHŒUR ET TRANSSEPT (MAÇONNERIE).	
Pierre de taille	451ᵐ,620
Moellon piqué	369ᵐ,320
Moellon ordinaire en élévation	734ᵐ,640
Moellon pour voûtes	90ᵐ,573
CLOCHER (MAÇONNERIE	
Pierre de taille	438ᵐ,485
(Dont 39ᵐ,945 pour la flèche.	
Moellon	200ᵐ,000
Dallage	334ᵐ,080
Couverture	845ᵐ,020
Charpente	44ᵐ,563
Vitrerie	70ᵐ,000

NOTA. — Dorénavant nous ne donnerons les prix en regard des quantités, que pour des églises modernes. — Les prix varient suivant les localités, il ne nous semble pas intéressant de fixer des chiffres ne pouvant pas venir de bases absolues.

IMPRIMERIE L. TOINON ET Cᵉ, A SAINT GERMAIN.

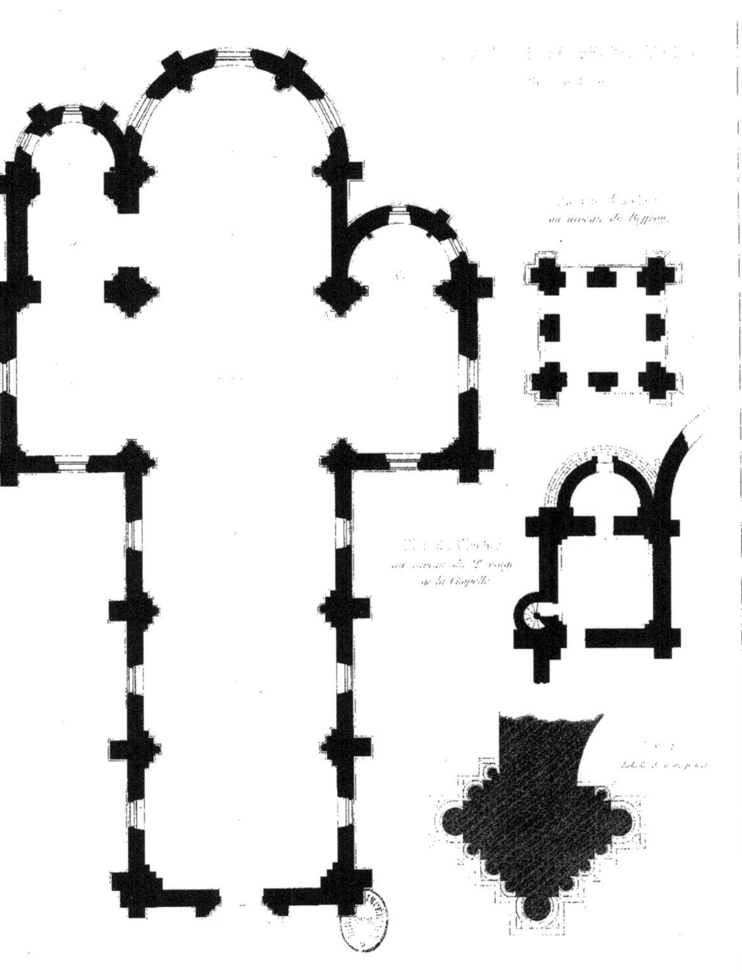

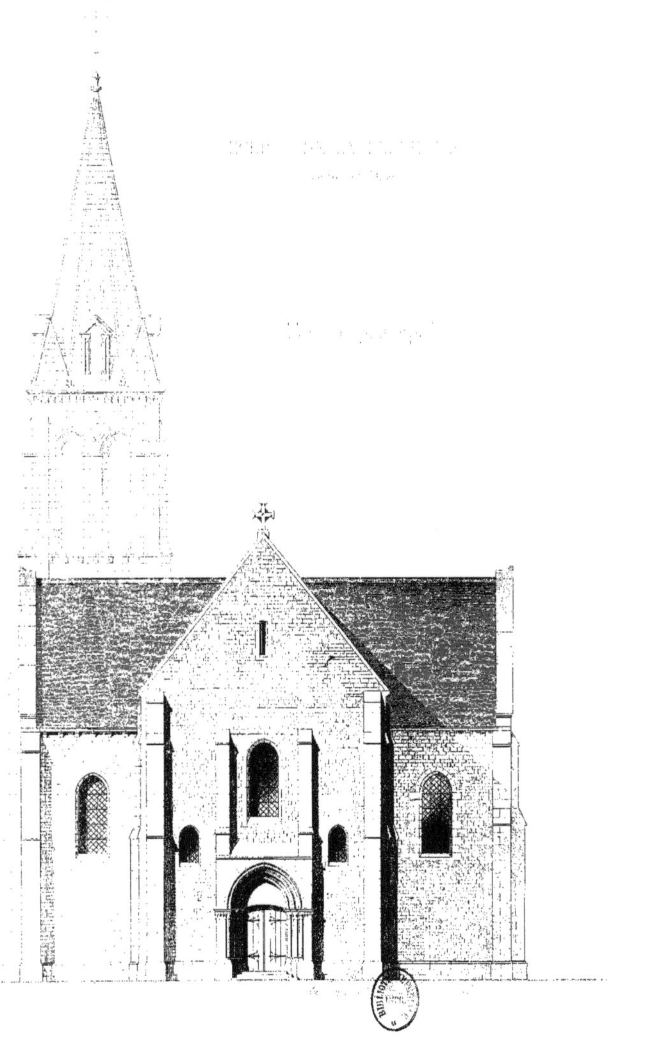

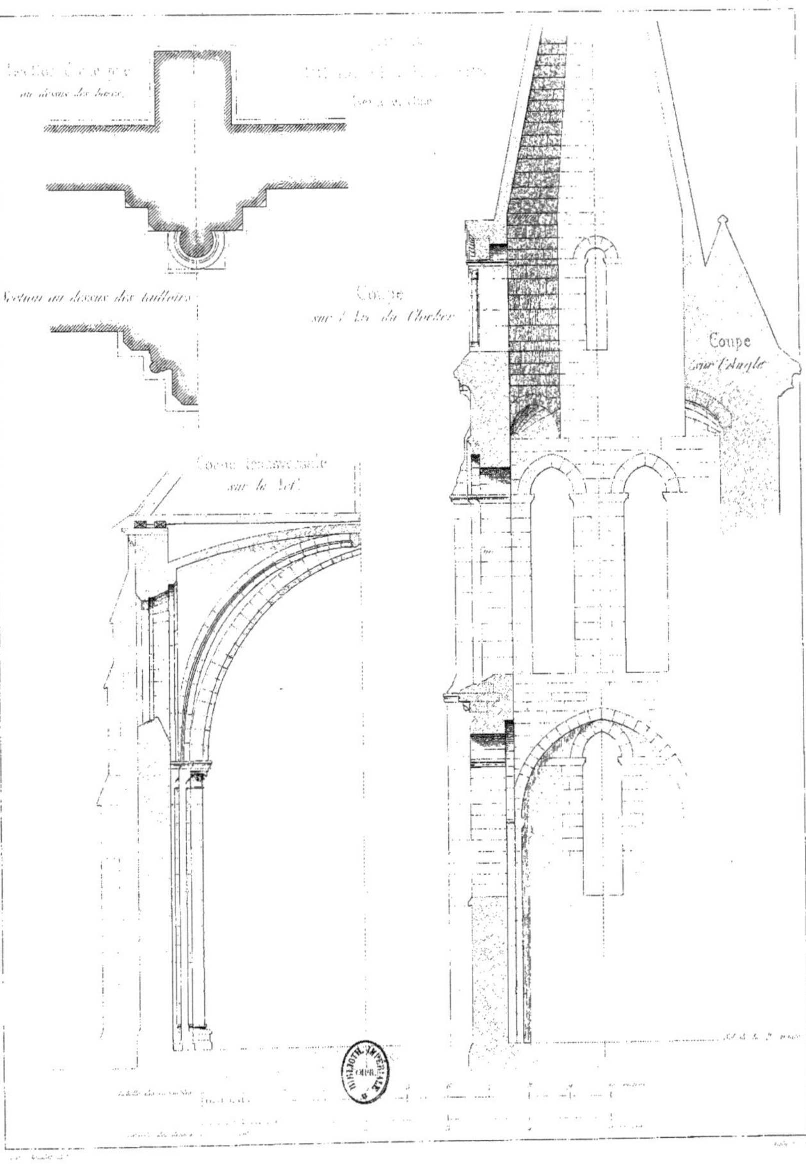
Section Coupe
au dessus des bases
Section au dessous des tailloirs
Coupe
sur l'Axe du Clocher
Coupe
sur l'angle
Coupe transversale
sur la Nef

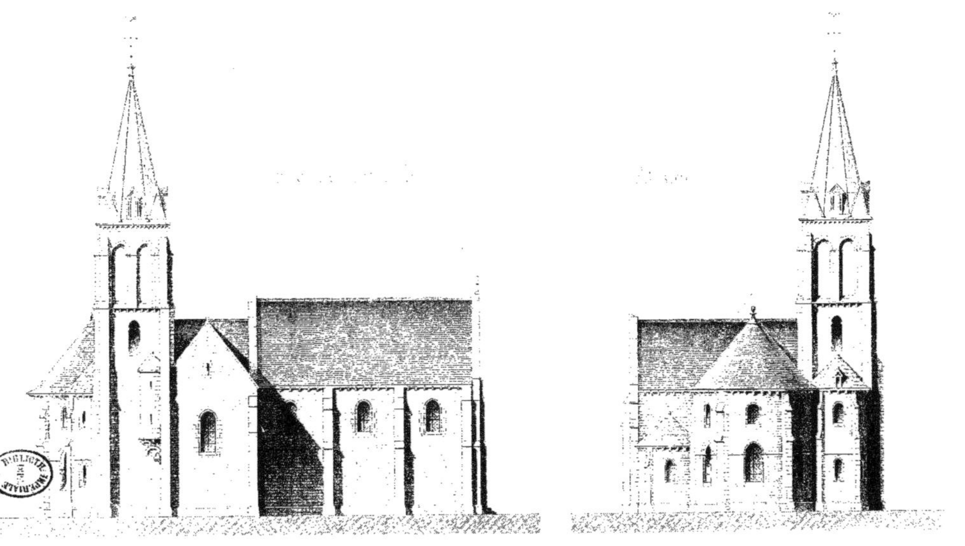

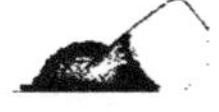

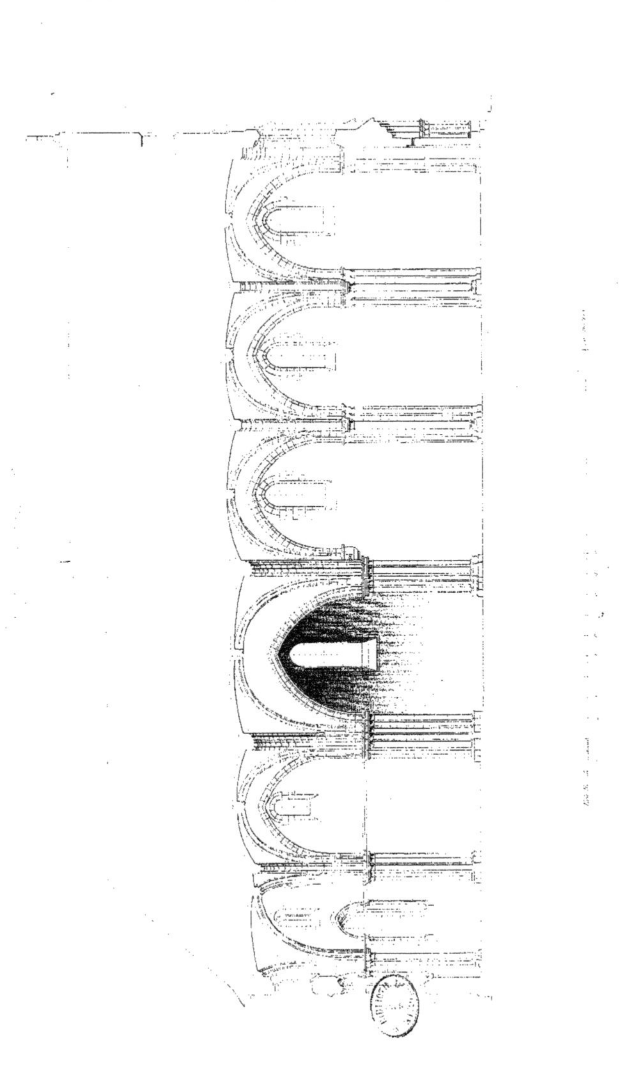

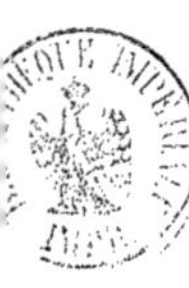

ÉGLISE DE TRACY-LE-VAL

(OISE)

On ne saurait trop conseiller l'emploi des charpentes apparentes ; comme nous avons eu déjà l'occasion de le dire dans le cours de cette publication, ce parti est, pour ainsi dire, le seul qui soit applicable à la construction d'églises à trois nefs, devant être élevées avec économie. Ce système a l'avantage de n'exiger, pour la maçonnerie de l'édifice, que des moyens très-simples, peu dispendieux, et à la portée des ouvriers les moins exercés. Parmi les exemples que nous connaissons, celui que nous présentons aujourd'hui est un de ceux qui montrent le mieux la valeur de ce parti et les applications qu'on peut en faire de nos jours.

Si nous examinons les planches de l'église de Tracy-le-Val (1), nous voyons combien est simple la combinaison des murs et des points d'appui intermédiaires. Ici, les contre-forts sont inutiles, les arcs peu nombreux et nécessaires seulement au-dessus des piles qui séparent la nef des collatéraux, la construction de ces arcs et de ces piles présente seule quelque difficulté d'exécution, exige seule un certain choix de matériaux. Les points d'appui sont en pierre, comme cela doit être, vu leur faible section, les arcs et les murs goutteraux, les deux parements des murs sont également en pierre, mais pourraient être, sauf quelques parties exceptionnelles, construits en moellons. Si le constructeur de l'église de Tracy-le-Val a été aussi prodigue de cette matière, cela tient à ce qu'elle est très-abondante dans le bassin de l'Oise, qu'elle est facile à extraire, et que, par conséquent, elle a dû toujours être peu coûteuse Dans les localités, au contraire, où elle était plus rare, les constructeurs du moyen âge ont cherché à l'économiser le plus possible, sans pour cela donner moins de caractère à leurs édifices.

Une fois ce fait établi, que le système des charpentes apparentes est nonseulement en lui-même très-économique, mais encore qu'il ne demande qu'une construction elle-même peu coûteuse, nous n'insisterons pas davantage sur ce point bien clair pour tout le monde, savoir : qu'une église voûtée exige des dépenses beaucoup plus considérables et des moyens d'action plus compliqués qu'une église couverte par une charpente ; mais il est un autre point sur lequel il est important de s'arrêter.

Il est évident, pour quiconque raisonne un peu, qu'il vaut beaucoup mieux,

(1) Les dessins de cette monographie ont été faits d'après le relevé de M. Wiganowski, inspecteur des travaux du château impérial de Pierrefonds.

tant au point de vue du caractère d'un édifice que de sa durée, n'employer que des moyens de construction bien déterminés, bien francs; qu'il ne faut jamais admettre que l'apparence puisse être en désaccord avec la construction. Cependant tous les jours, dans les plus grandes villes comme dans les plus petits villages, nous voyons s'élever des églises, pour l'étude desquelles il semble qu'on ne soit pas parti de ce grand principe, qui pour nous est la base de toute œuvre d'art. On reproduit indifféremment, au moyen de bois et de fer, tantôt une église du moyen âge, tantôt une église de la renaissance. Qu'on cherche à employer tous les matériaux que la nature et l'industrie nous mettent entre les mains, rien de mieux; mais alors que cet emploi soit raisonné. Si vous disposez de ressources suffisantes, si vous avez de la pierre, si vous avez des entrepreneurs et des ouvriers habiles, construisez des églises voûtées, sinon employez pour couvrir les nefs des plafonds et des charpentes dont la combinaison soit en rapport avec la nature des bois, mais ne les tourmentez pas, pour simuler des voûtes en arcs d'ogives, au moyen de plâtre et d'enduits.

Pour en revenir au monument qui nous occupe, nous ferons remarquer la simplicité du plan, les proportions agréables tant de l'extérieur que de l'intérieur. L'abside circulaire est voûtée en cul-de-four selon l'usage adopté au moyen âge; cette disposition, qui consiste à traiter la construction du sanctuaire plus solidement que les autres parties de l'édifice, s'explique doublement; il est tout naturel de construire avec plus de soin la partie la plus importante, la partie sacrée d'une église, de chercher à la rendre plus durable et à l'isoler par exemple dans le cas d'incendie qu'on peut redouter pour un monument dans lequel le bois joue un grand rôle; d'autre part, la combinaison des absides qui sont rarement, dans une église de médiocre importance, entourées de bas-côtés, permet l'établissement de voûtes sans recourir à des moyens puissants. Un des motifs qui nous a déterminé à publier la monographie de Tracy-le-Val, est le désir de faire connaître le clocher, dont la disposition, très-originale et fort ingénieuse, est digne de toute l'attention des architectes. Certains détails de décoration sont certainement barbares et paraissent même grotesques jusqu'à un certain point, nous voulons parler des figures et des chapiteaux, quoiqu'ils ne manquent pas de caractère; quant aux profils, ils sont très-fins, très-habilement tracés, parfaitement à l'échelle; mais ce qui est surtout remarquable dans ce clocher, c'est sa forme générale, c'est la façon toute particulière dont il est combiné, tant au point de vue de l'effet que de la construction. La transition du plan carré au plan octogone est accusée d'une manière très-remarquable et surtout toute nouvelle; on ne saurait trop se rendre un compte exact des moyens employés pour l'obtenir et on ne saurait surtout nier quelle habileté, quelle recherche, et, en même temps, quelle connaissance des effets et des moyens d'exécution il a fallu au constructeur roman à qui nous devons ce petit chef-d'œuvre.

DEVIS (Résumé du Décompte général).	QUANTITÉS
MAÇONNERIE EN ÉLÉVATION, NEF ET BAS-COTÉS.	
Murs latéraux	106m,377
Façade	72m,634
Abside	84m,625
Piles, arcs et murs goutteraux de la grande nef	214m,561
Pignon à l'entrée du chœur	24m,642
Total	499m,808
CLOCHER EN ÉLÉVATION (MAÇONNERIE).	
Partie inférieure jusqu'au glacis des fenêtres (y compris l'escalier)	173m,634
Premier étage	31m,340
Deuxième étage et couronnement	37m,879
Total	242m,853
Charpente de la nef et des bas-côtés	25m,042
Abside	6m,416
Total	31m,428
Couvrejoints	252m,18
Couverture, superficie	439m,16

Saint-Germain. — Imprimerie de L. TOINON et Cie.

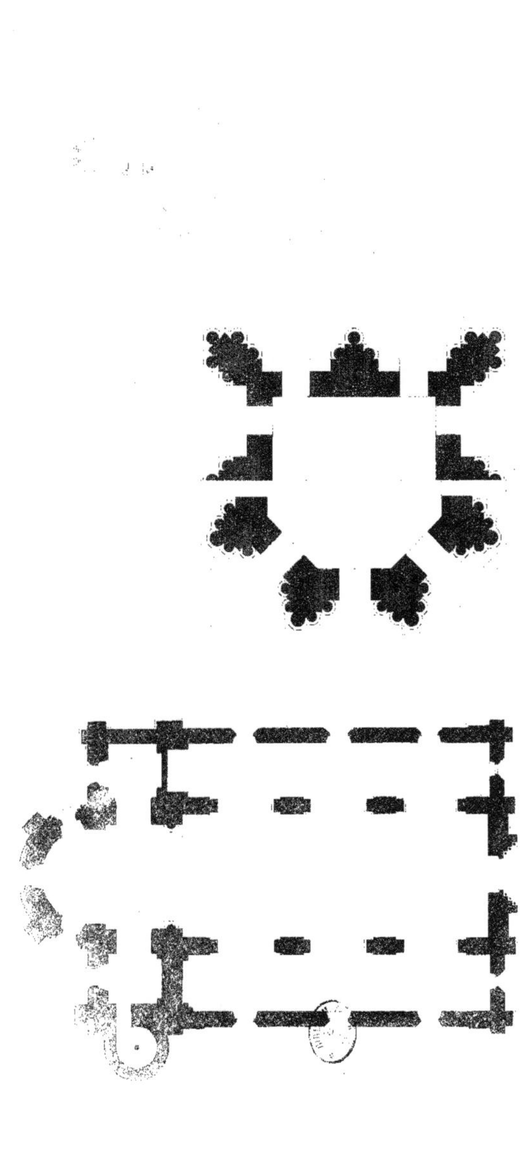

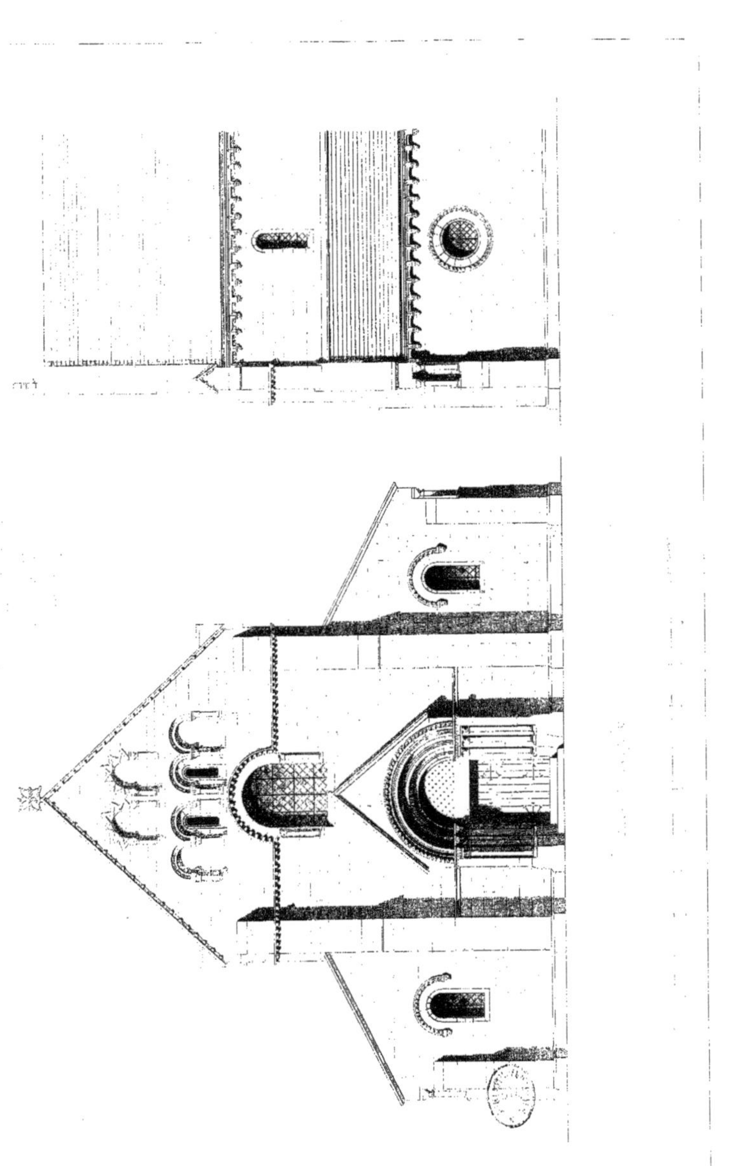

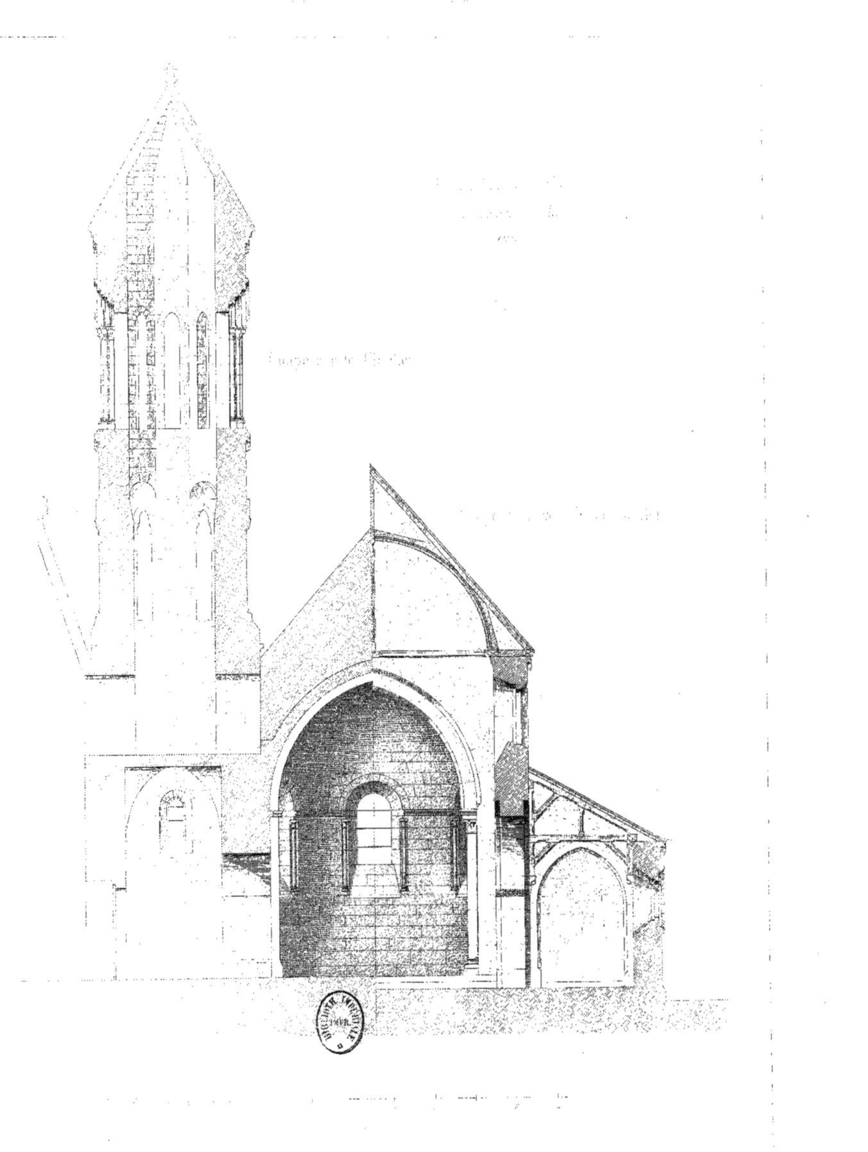

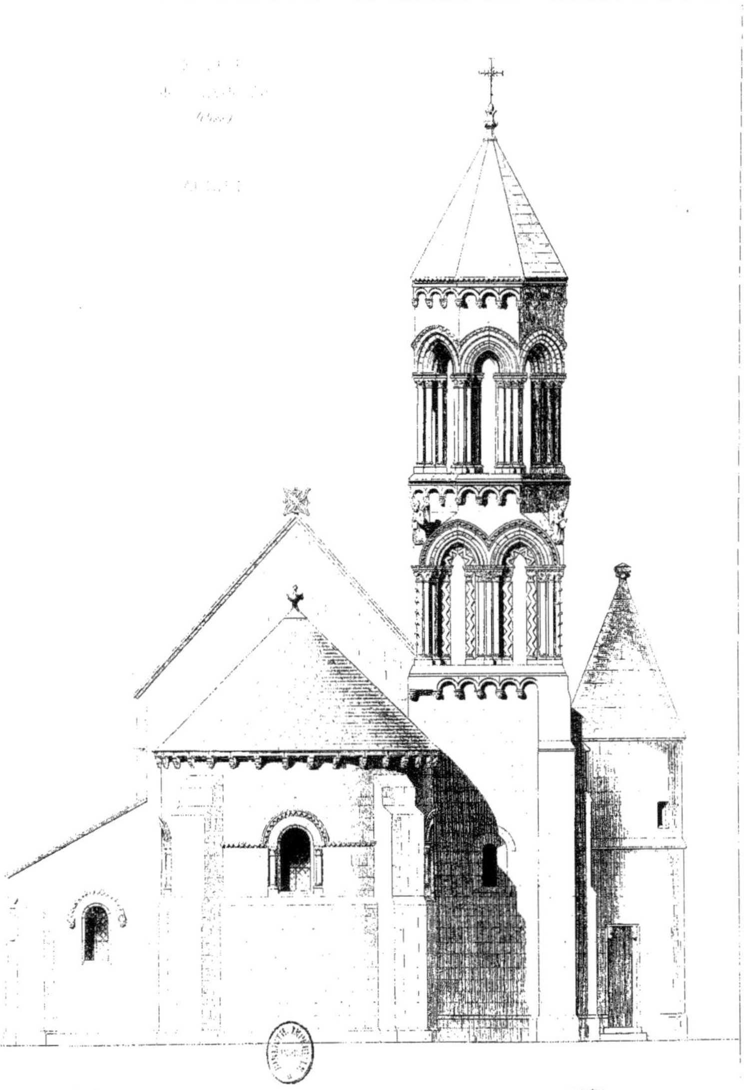

ÉGLISE ST ÉLOI
À TRACY LE VAL

Coupe longitudinale.

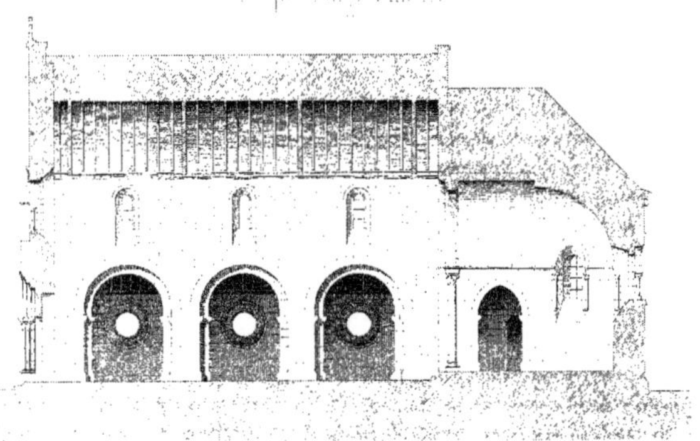

(Chapiteaux de la nef.)

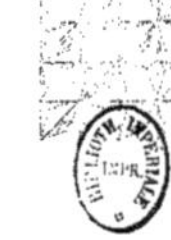

ÉGLISE D'ANGICOURT

(OISE)

L'église d'Angicourt a été, depuis son origine, l'objet de transformations diverses, qui lui ont enlevé son caractère d'unité. La partie la plus ancienne remonte au XIIe siècle et comprend l'abside, la croisée et le transsept de droite; la nef ne fut construite que dans les premières années du XIIIe siècle.

Plus tard, au XIVe siècle, l'église fut modifiée sur plusieurs points, et c'est de cette époque que date la partie supérieure du clocher, ainsi que le transsept de gauche; malgré ces adjonctions ou ces changements, il est facile de retrouver aujourd'hui, sinon la disposition première, du moins l'ensemble tel qu'il devait être au XIIIe siècle, après la construction de la nef, sauf toutefois la portion du clocher apparente au-dessus des combles. Nous avons, dans cette monographie, tenté de reproduire cette disposition, en débarrassant l'église des parties du XIVe siècle. Le clocher de cette époque, celui qui actuellement surmonte l'édifice, est assez bien traité en lui-même, mais il ne se raccorde pas du tout à l'ensemble et pénètre maladroitement la couverture : nous n'avons donc indiqué qu'une souche carrée, comme devait être celle du XIIe siècle, si toutefois, à cette époque, le clocher avait été terminé. Ainsi simplifié et dépourvu de ces diverses constructions ajoutées après coup, le plan d'Angicourt présente une certaine unité et peut être considéré comme assez complet : porche, transsepts, chapelles absidales, escalier, rien n'y manque pour en faire au moins un sujet d'étude intéressant. Il y a certes dans cet ensemble un manque de composition générale assez choquant, et il est facile de voir que la nef et le chœur n'ont pas été conçus en même temps, mais le raccordement est fait très-habilement, tant au point de vue de la construction que de l'aspect. D'ailleurs notre principal but, en publiant les relevés que nous avons faits de ce petit édifice, est de faire connaître la nef qui en est la partie la plus remarquable, et offre à elle seule un intérêt tout particulier. Cette nef se compose d'une partie centrale et de deux bas-côtés; le tout est voûté en arcs d'ogive; les voûtes basses, comme celles supérieures, sont tracées sur plan carré. De la combinaison de ces voûtes, de leur rapport entre elles, de la hauteur relative des naissances, dépend tout l'ensemble de l'édifice; aussi avons-nous con-

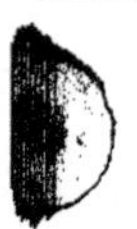

sacré la plus grande partie des planches à faire ressortir le système général duquel tout est déduit. La planche 3 donne le plan de la première travée de la nef centrale correspondant à deux travées des collatéraux ; d'une part est indiquée la section faite au-dessus des bases, de l'autre est tracée la section prise au-dessus des tailloirs à la naissance des voûtes inférieures ; sur cette figure est représentée par une teinte plus claire la coupe horizontale des sommiers des voûtes hautes ; le rabattement des arcs diagonaux, ogives et formerets, est indiqué par des lignes ponctuées. Pour compléter l'étude de cette travée, nous donnons, planche 4, la coupe transversale et l'élévation intérieure. Les voûtes supérieures sont renforcées d'un arc doubleau intermédiaire, afin de diminuer la dimension des formerets et par suite celle des triangles de remplissage. Ce parti, adopté généralement dans les premières années du XIIe siècle pour la construction des voûtes hautes, est certes loin de présenter les avantages du système si complet appliqué quelques années plus tard ; mais néanmoins il est très-intéressant à étudier, surtout dans le cas qui se présente, où il est compris avec une grande habileté. Nous ferons remarquer comment les piles sont combinées en raison de la fonction qu'elles ont à remplir. Celles qui portent les arcs doubleaux principaux et les arcs ogives, présentent une section autre que les piles circulaires qui ne reçoivent que l'arc-doubleau intermédiaire, la forme de chacune de ces piles est le résultat du tracé de la voûte et de la retombée des arcs, de même que leur force est proportionnée à la charge qu'elles ont à supporter. En un mot, tout le système est bien écrit et bien franc, et il donne à l'édifice un caractère tout particulier et d'un effet charmant ; l'aspect intérieur de cette nef est monumental et présente des proportions très-heureuses. Pour bien comprendre le mode de construction et la façon dont la nef haute est maintenue en équilibre sur les piles, il faut examiner la coupe transversale. Nous ne la présentons pas telle qu'elle est aujourd'hui, après la restauration maladroite que l'édifice a subie ; mais nous l'avons rétablie telle que certainement elle a dû être conçue ; actuellement les arcs-boutants auxquels on ne pourrait assigner une époque précise, sont placés au-dessus du comble des collatéraux et rencontrent les murs goutterots presque immédiatement sous la corniche ; ainsi disposés, ils sollicitent ces murs à se déverser à l'intérieur, au lieu de les épauler ; de plus, le comble des bas-côtés vient couper les fenêtres de la nef dans la moitié de leur hauteur. A l'aide du filet faisant larmier des fenêtres, dissimulé aujourd'hui sous le comble actuel, nous avons retrouvé la hauteur primitive du faîtage des collatéraux et reconstitué la coupe ; quant aux arcs-boutants que nous indiquons, il n'en existe plus de traces bien positives, peut-être n'ont-ils jamais été construits, et le constructeur a-t-il simplement compté sur la perfection de la construction des sommiers disposés en lits horizontaux jusqu'à une certaine hauteur ; nous ne saurions l'affirmer. Quoi qu'il en soit, trouvant des arcs-boutants mal disposés, nous n'avons pas hésité à les placer au droit de la poussée des voûtes. Ainsi restauré, ce petit monument présente un système général de construction bien complet et que nous croyons être dans l'esprit du principe.

Pour compléter l'étude d'une travée de cette église, nous en présentons ci-contre le devis descriptif de maçonnerie ainsi que le cube des matériaux employés.

Devis d'une travée et du mur de face.

MAÇONNERIE.

MAÇONNERIE EN FONDATION.

	Pierre dure	Pierre tendre	Moellons	Moellon en fondation.
Surface, 50,44 sur une hauteur de 2 mètres .... 100^m,880				
A déduire pour libages 8, 232				
Reste en maçonnerie 92, 648				92^m,648
Libages	8^u,232			
Une assise en roche pour le soubassement sur une surface de 44,97 $\times$ 0,60.	26^m,982			

Au-dessus du soubassement, les parements extérieurs des murs et des contre-forts ainsi que les parties moulurées, en pierre d'appareil, le reste en moellon piqué et moellon brut.

FAÇADE.

	Pierre dure	Pierre tendre	Moellons
Pierre dure	15, 105		
Pierre tendre		29^m,308	
Moellon piqué			14^m,398
Moellon brut			28, 930
Marches	0, 630		

TRAVÉE.

	Pierre dure	Pierre tendre	Moellons
Pile principale jusqu'au-dessus du sommier de l'archivolte	2, 421		
L'autre côté semblable	2, 421		
Suite des colonnettes, compris l'épaisseur du contre-fort, sommiers et arcs		3, 217	
L'autre côté semblable		3, 217	
Arcs-doubleaux (nef)	0, 912		
Arcs diagonaux		2, 436	
Arcs formerets		1, 440	

ARCS DU COLLATÉRAL.

	Pierre dure	Pierre tendre	Moellons
Arc-doubleau	0, 408		
L'autre côté semblable	0, 408		
Arcs diagonaux		0, 915	
L'autre côté semblable		0, 915	
Colonne jusqu'au-dessus du sommier	3, 120		
L'autre semblable	3, 120		
Suite des colonnettes jusqu'à la naissance des formerets, y compris l'épaisseur du contre-fort		3, 450	
L'autre côté semblable		3, 430	
Arc-doubleau	0, 882		

COLLATÉRAL ET MUR GOUTTEROT DE LA NEF.

	Pierre dure	Pierre tendre	Moellons
Arc-doubleau	0, 408		
L'autre côté semblable	0, 408		
Arcs diagonaux		0, 930	
L'autre côté semblable		0, 930	
A reporter	57, 243	50, 298	43, 328

	Pierre dure.	Pierre tendre.	Moellon.
Report	57ᵐ,243	50ᵐ,208	43ᵐ,328
Arcs formerets		0, 231	
L'autre côté semblable		0, 211	
Archivoltes de la nef		1, 078	
L'autre côté semblable		1, 078	
Pieds droits des fenêtres et arcs		2, 016	
L'autre côté semblable		2, 016	
Glacis	0, 896		
L'autre côté	8, 896		
Corniche de la nef	2, 856		
L'autre côté	2, 856		
Corniche du collatéral	1, 038		
L'autre côté semblable	1, 038		
Arcs-boutants	1, 680		
L'autre côté	1, 680		
Mur de la nef			
Moellon piqué			2, 206
L'autre côté			2, 206
Moellon brut			6, 612
L'autre côté			6, 612
Mur du collatéral			
Moellon piqué			2, 379
L'autre côté semblable			2, 379
Moellon brut			4, 760
L'autre côté semblable			4, 760
Voûtes de la nef			4, 800
Collatéral			3, 600
L'autre côté			3, 600
TOTAL	78, 223	56, 948	87, 242 dont moellon piqué, 35ᵐ,568

Dallage, 37ᵐ,74.

Taille environ, 1,200ᵐ.

CHARPENTE.

Deux fermes composées de chaque :		
Entrait 7.10 $\times$ 0,27 $\times$ 0,24	0ᵐ,461	
Poinçon 4.20 $\times$ 0,19 $\times$ 0,19	0, 150	
Arbalétrier 5,20 $\times$ 0,22 $\times$ 0,19 2 fois	0, 434	
Jambettes 2,35 $\times$ 0,16 $\times$ 0,16 2 fois	0, 122	1ᵐ,496
Faîtage 6,48 $\times$ 0,19 $\times$ 0,16	0, 185	
Liens de faîtage 3,00 $\times$ 0,15 $\times$ 0,15 2 fois	0, 134	
Total d'une ferme	1, 496	
Une autre ferme semblable		1, 496
4 pannes de 6,48 $\times$ 0,19 $\times$ 0,19		0, 935
4 cours de sablières 6 48 $\times$ 0,23 $\times$ 0,12		0, 726
26 chevrons de 6,35 $\times$ 0,09 $\times$ 0 09		1, 337
8 échantignolles de 0,23 $\times$ 0,13 $\times$ 0,19		0, 048
Collatéraux		
Sablières 6,48 $\times$ 0,23 $\times$ 0,12	0, 179	
Pannes 5,48 $\times$ 0,19 $\times$ 0,19 3 fois	0, 690	1, 774
26 chevrons de 4,30 $\times$ 0,09 $\times$ 0,09	0, 905	
Total d'un côté	1, 774	
L'autre côté semblable		1, 774
SURFACE. COUVERTURE EN ARDOISE		147, 74

IMPRIMERIE L. TOINON ET Cⁱᵉ, A SAINT-GERMAIN.

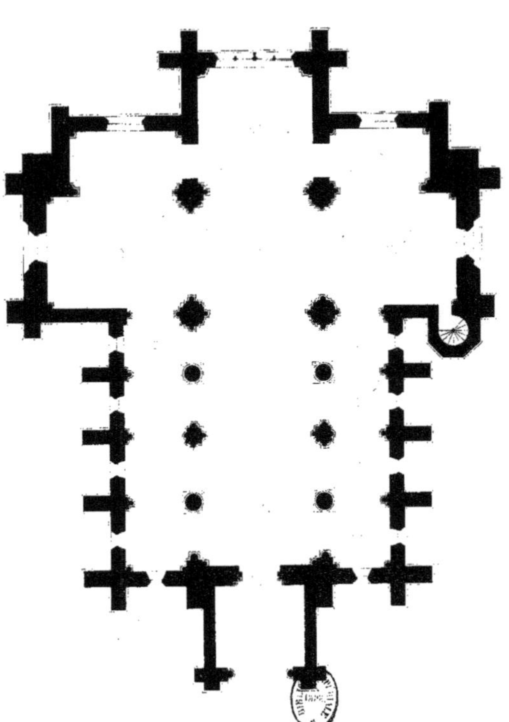

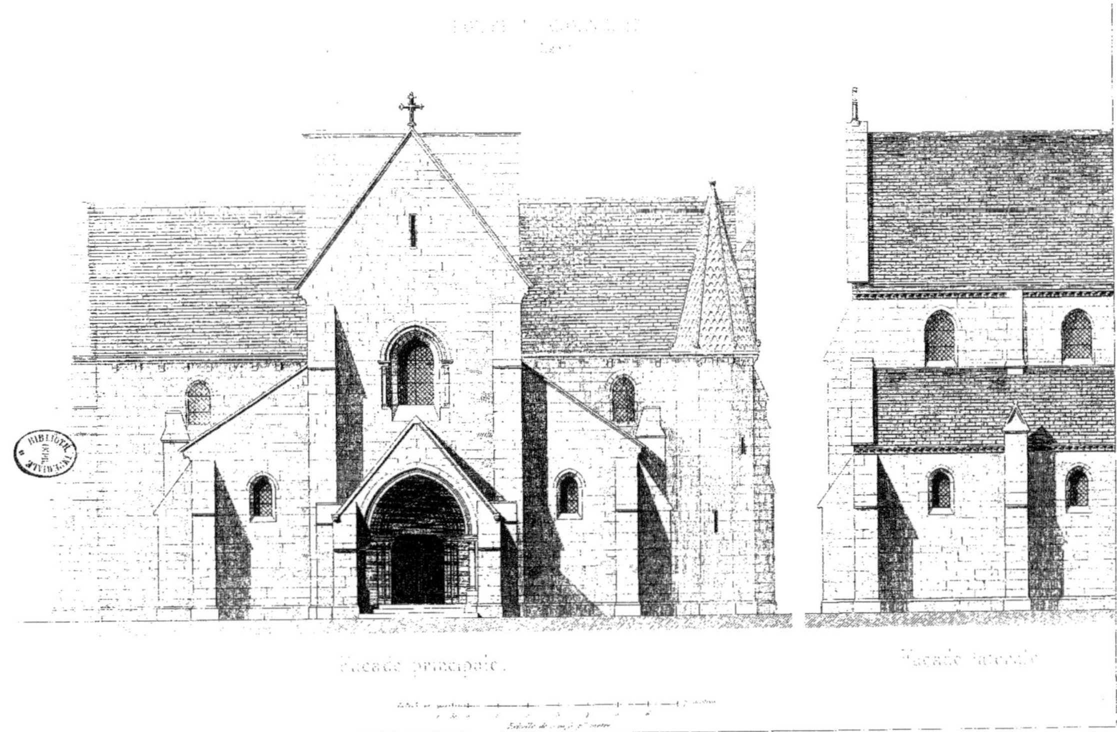

Façade principale.
Façade latérale.

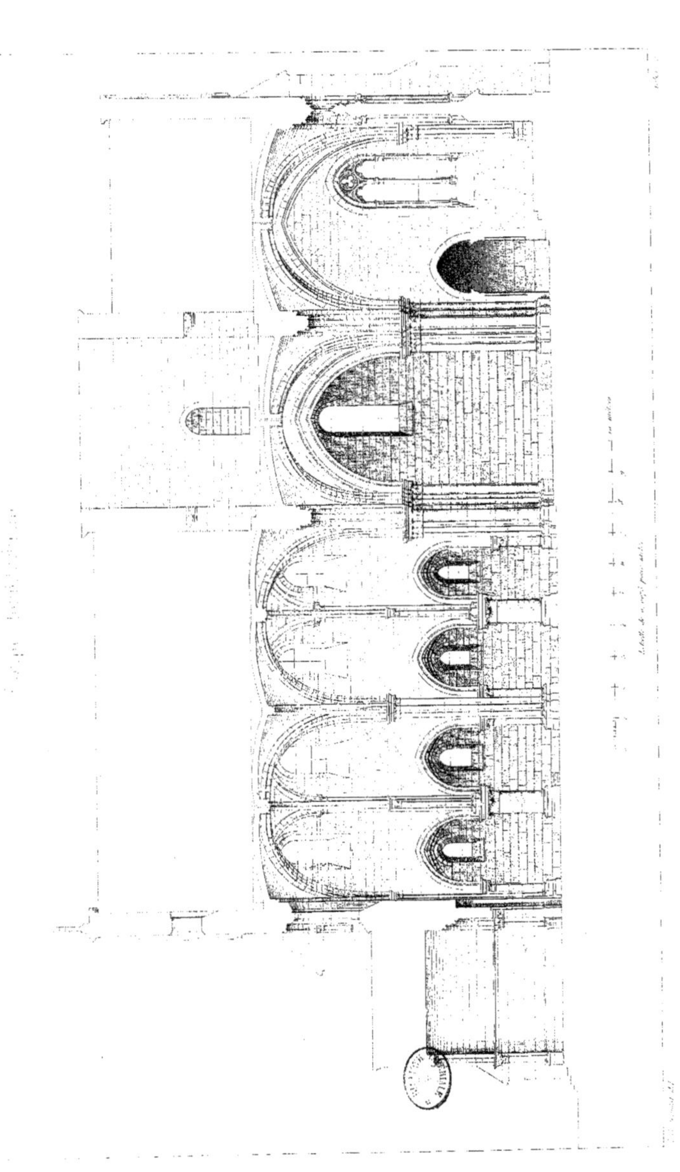

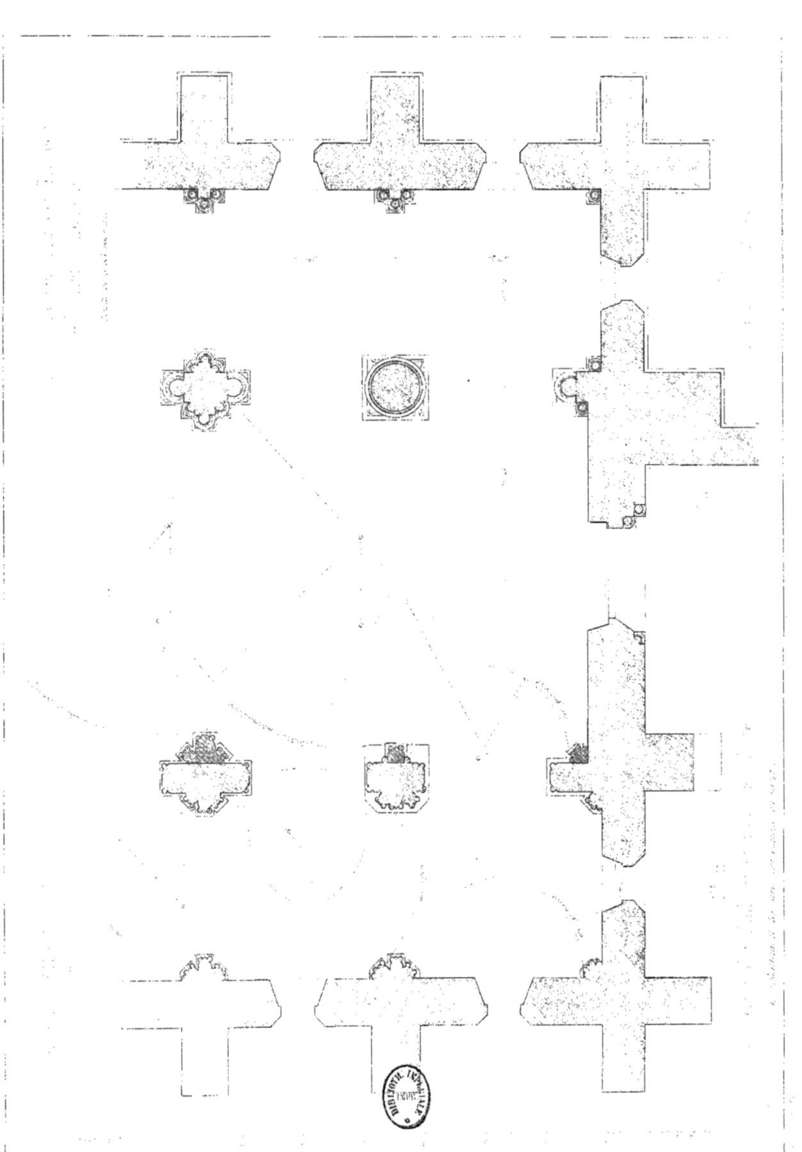

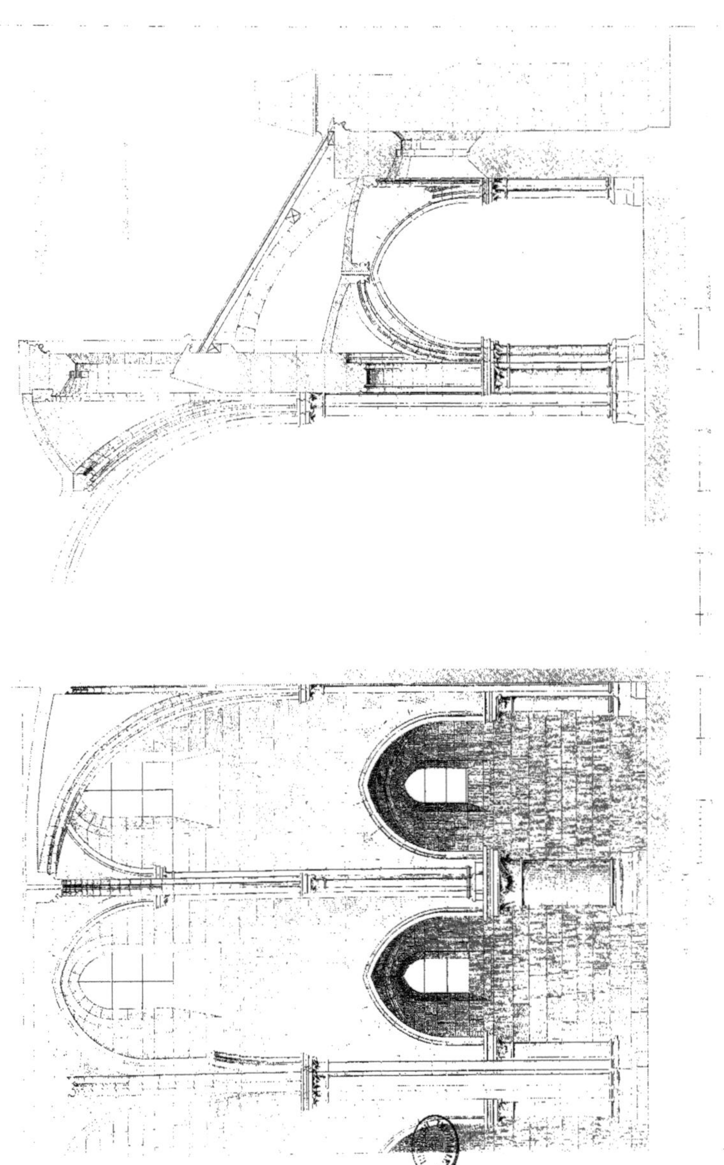

ÉGLISE DE DREUIL

(SOMME)

Dans certaines parties de la France où la pierre est rare, on fait généralement
usage de la brique seulement, au lieu de chercher à accuser franchement ce
mode de bâtisse, qui donne à un édifice un caractère tout particulier, on se
contente de copier des formes adoptées pour la pierre; d'un autre côté, depuis
quelques années, dans les départements du Nord et du Pas-de-Calais, les briques
moulées ont, à notre grand regret, obtenu un très-grand succès. Sans rejeter
entièrement leur emploi, nous croyons qu'au moyen de dispositions ingénieuses
résultant de l'appareil même des briques ordinaires, il est possible d'arriver à des
résultats plus satisfaisants au point de vue de la décoration. Quelles que soient d'ailleurs les ressources que peut offrir la brique, il est difficile de se passer entièrement
du secours de la pierre, ne fût-ce que pour certaines raisons de construction; et
aujourd'hui d'ailleurs il est assez facile, même avec des ressources très-modestes,
de se procurer les quelques mètres cubes de pierres, pour ainsi dire indispensables,
lorsqu'il s'agit d'élever un monument, comme une église, par exemple. Dans
l'église de Dreuil, l'architecte a pris ce parti tout en construisant avec beaucoup
d'économie; aussi présentons-nous, comme un très-bon exemple à étudier, ce
monument, qui résume bien l'emploi simultané de la brique et de la pierre. Cette
église se compose d'une seule nef, couverte par une charpente apparente dépourvue
d'entrait; au premier aspect, on peut s'étonner de trouver des contre-forts dans un
édifice qui n'est pas voûté, et cependant leur présence est très-motivée par la
combinaison même de la charpente. De la disposition de cette charpente, résulte
tout le système de construction; aussi l'avons-nous reproduite à une échelle assez
grande (Planche 5), qui donne en A l'élévation d'une des fermes, en B la coupe
sur le milieu d'une travée, et en C l'élévation d'une travée en coupe longitudinale. Au droit de chaque contre-fort se trouve une ferme A portant sur le chapiteau d'une colonnette correspondante. Cette ferme se compose d'un arc en
bois formé de deux cerces sur champ, pinçant entre elles, de distance en
distance, des calles M et réunies par des boulons. Ces cerces sont composées de
sortes de claveaux de bois posés bout à bout; leur longueur est indiquée fig. A
par les traits pleins; l'extrémité des calles est représentée par les traits ponctués.
Au-dessus de l'extrados de ces arcs se trouve un entrait relevé, reliant les che-

vrons correspondant à la ferme ; ces chevrons sont eux-mêmes pincés par les cerces de la ferme et reliés par les liens L qui sont boulonnés sur le poinçon. D'une ferme, à l'autre, sont disposés quinze chevrons, au droit de chacun desquels se trouvent les fourrures destinées à recevoir le lambris ; ils portent sur la panne P ; la disposition de chacun de ces chevrons et sa relation avec la fourrure, sont indiqués par la fig. B. Le chevron du milieu porte ferme, comme on peut le voir dans la fig. C. Après l'examen de cette charpente, on reconnaît l'utilité des contre-forts puisque, en réalité, chaque ferme n'est autre chose qu'un arc qui exerce une poussée au droit du contre-fort qui lui correspond. La disposition de cette charpente est très-ingénieuse ; elle a permis de se passer d'entrait et n'a nécessité qu'une dépense peu considérable relativement au résultat. Les murs considérés seulement comme clôture, n'ont qu'une épaisseur de $0^{m},33$; ils sont déchargés dans la partie supérieure par des arcs bandés d'un contre-fort à l'autre ; de cette façon, tout le poids de la charpente se reporte sur les points solides. C'est là un système bien complet, bien raisonné, et qui témoigne d'une entente parfaite de l'emploi des matériaux ; d'ailleurs, au point de vue de l'aspect, le résultat est très-satisfaisant, et la façade latérale, comme la coupe intérieure, présente un véritable intérêt. Comme nous le disions plus haut, l'architecte ne s'est pas contenté d'employer exclusivement la brique ; mais aussi il n'a fait usage de la pierre qu'avec une très-grande économie, et ne l'a adoptée que là où une raison de construction l'y amenait presque forcément, c'est-à-dire pour le socle, les appuis de fenêtres, les pieds-droits, les glacis des contre-forts et les rampants des pignons. Ce n'est pas là du luxe, et réellement, pour un édifice qui doit durer, il faut absolument faire des sacrifices de cette nature. Que deviendraient bientôt toutes les parties exposées directement à la pluie, si elles étaient construites en briques ; de plus, comment obtenir avec la brique au droit des fenêtres des arêtes assez vives pour satisfaire l'œil ; recourir dans ce cas-là, par exemple, à l'emploi des briques moulées, ce n'est pas résoudre la question, car, quoiqu'on fasse, le résultat est toujours mauvais lorsqu'il s'agit de lignes verticales, et d'ailleurs y aurait-il économie ? C'est tout au plus si la brique moulée produit bon effet lorsqu'elle est employée en lignes horizontales, et encore la brique rectangulaire, appareillée avec goût, peut fournir des motifs de décoration bien autrement agréables. Employée sous des tablettes en pierre qui font bien sentir la ligne horizontale, la brique moulée donne d'assez bons résultats, mais seulement dans ce cas, selon nous.

A l'intérieur, l'église de Dreuil est recouverte de peintures à la colle ; le ton général de la voûte est bleu vert, la disposition de la charpente est accentuée au moyen de redessinés noirs et bruns ; quant aux murs, ils sont recouverts d'une teinte de pierre et décorés d'un appareil brun rouge.

3

DEVIS SOMMAIRE

	fr.	c.
Terrassement et maçonnerie	27,010	67
Charpente	5,333	32
Couverture	2,463	38
Plomberie	1,476	44
Serrurerie	3,143	50
Menuiserie	2,977	24
Peinture	333	80
Sculpture	700	
Total	43,440	35

NOTA. — Les vitraux en grisaille provenant d'un don volontaire. nous ne les faisons pas figurer dans l'ensemble de la dépense. Ils ont coûté 4,000 francs.

Imprimerie L. Toinox et Cie, à Saint-Germain.

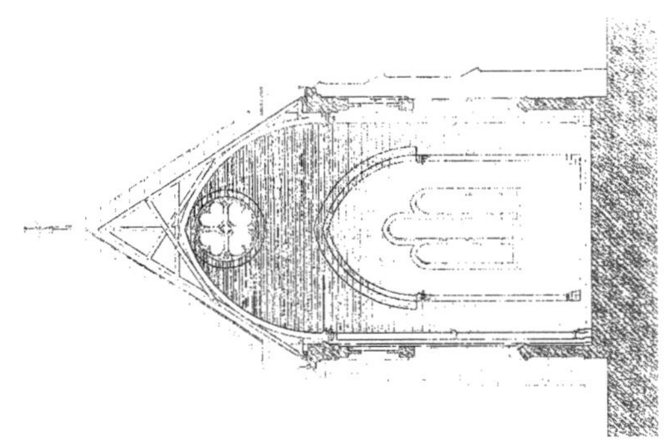

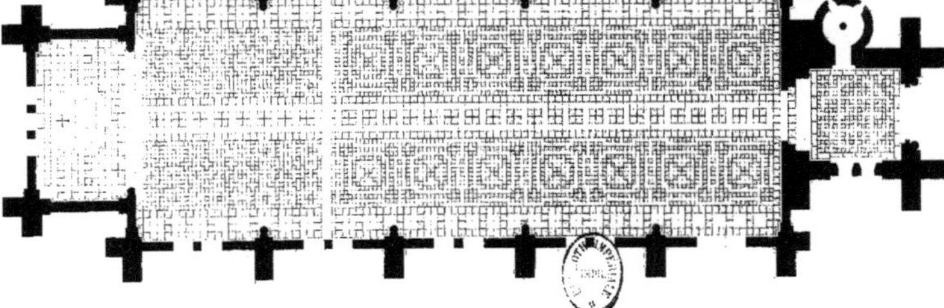

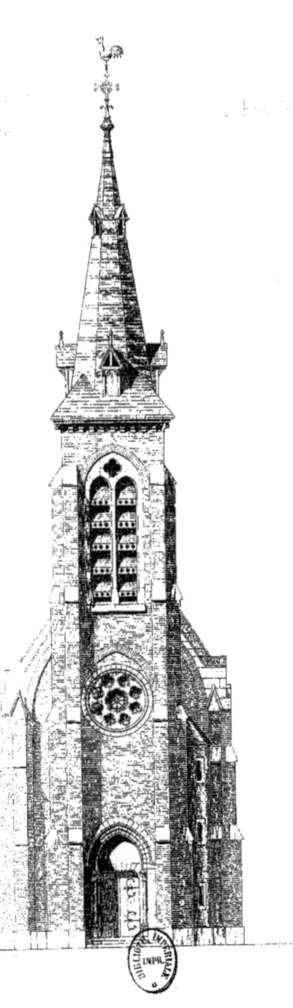

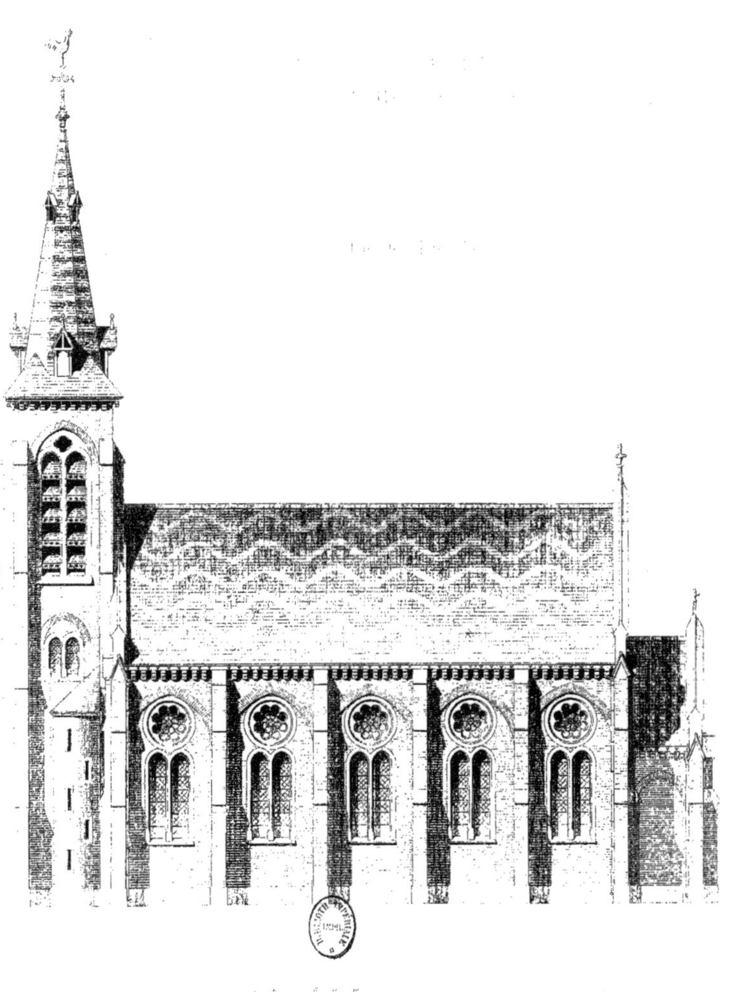

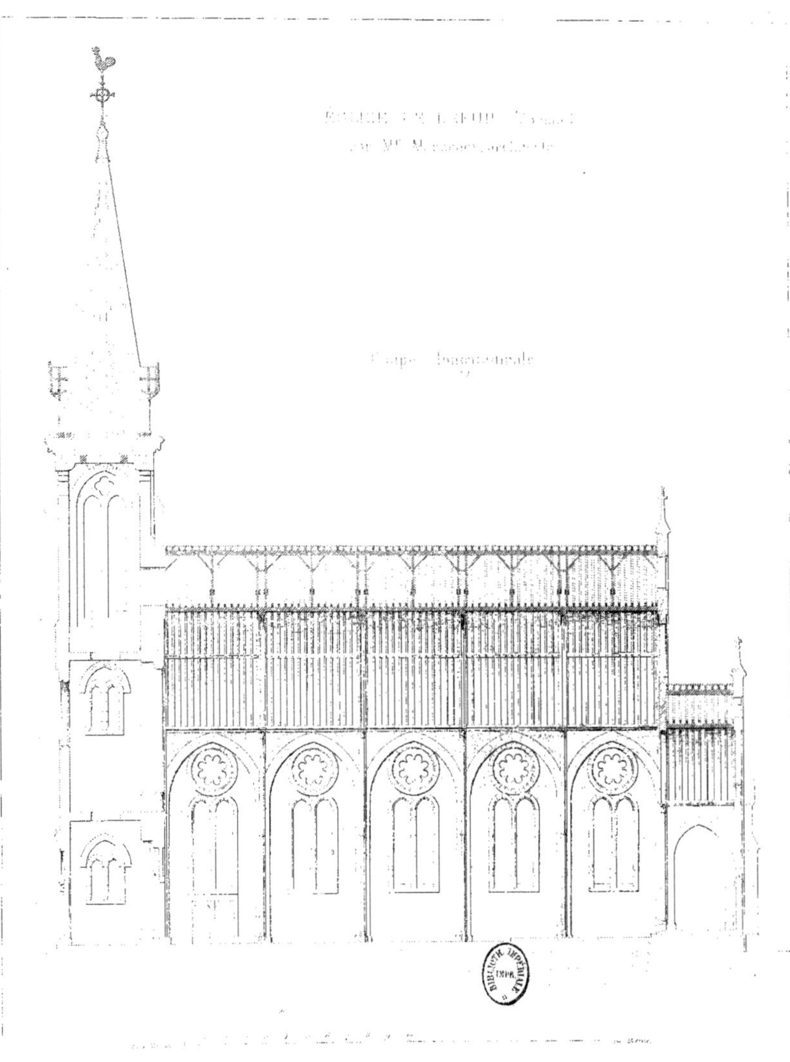

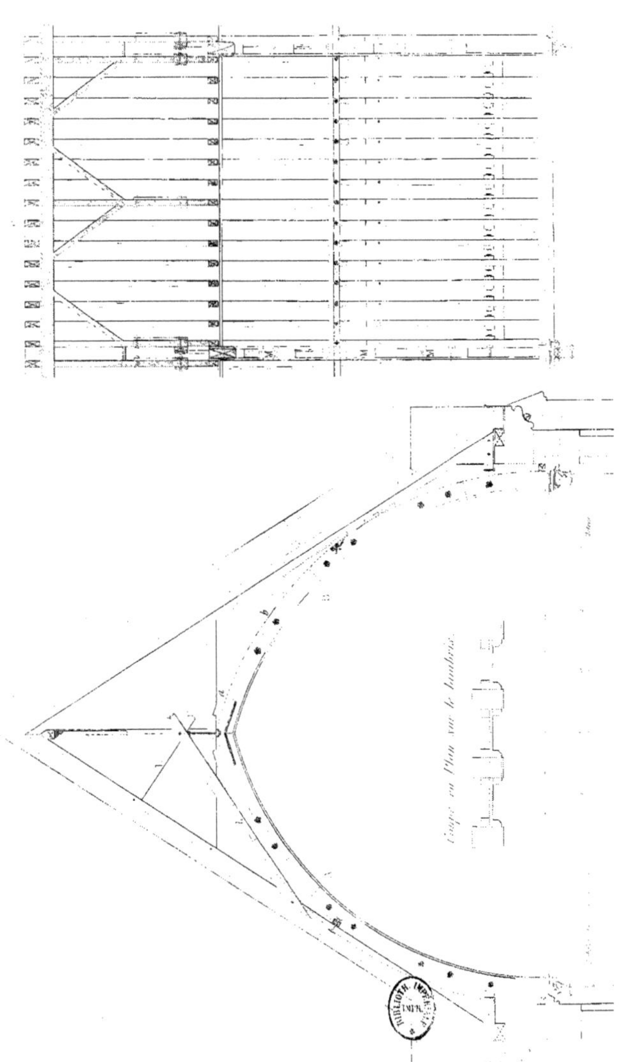

Coupe en Plan sur le lambris

ÉGLISE DE ROULET

(CHARENTE)

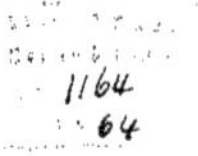

La Charente possède encore aujourd'hui un certain nombre d'églises, voûtées
au moyen de coupoles sur pendentifs ; ce genre de voûtes est très-ingénieux, très-
pratique et mérite toute l'attention des constructeurs. Parmi les petits édifices dans
lesquels ce mode est adopté, l'église de Roulet est un des plus intéressants, et nous
devons à M. Abadie, qui a bien voulu nous communiquer ses relevés, la possibilité
de la publier dans ce recueil. Comme ensemble le plan (planche 1) est certainement très-bizarre, et ne pourrait nullement convenir aujourd'hui, aussi nous ne le
présentons nullement comme un exemple à suivre ; il ne s'agit pas d'ailleurs de
fournir des types complets de monuments à reproduire, mais de sortir de chacun
de ceux qui méritent d'être étudiés, le principe qui peut nous aider dans les
applications modernes ; il ne faut donc pas attacher d'importance à la forme
générale du plan, dans le cas présent, mais voir la combinaison de la voûte
de chaque travée, et la façon dont deux consécutives sont reliées entre elles.
La nef est composée de trois travées semblables, surmontées chacune d'une
coupole sur pendentifs, à la suite se trouve le clocher, dont la voûte est une
coupole octogonale, qui porte sur quatre trompes, rachetant le carré formé par
les arcs doubleaux et les murs latéraux ; le chœur est voûté au moyen d'un
berceau plein-cintre. La coupe longitudinale (planche 4) donne la disposition de
ces divers genres de voûtes. Afin de bien faire comprendre la combinaison des
coupoles sur pendentifs, nous avons donné l'épure de la voûte à une assez grande
échelle (planche 5). Le plan est pris au niveau des tailloirs, sur ces colonnes
portent deux arcs doubleaux, séparant les travées, et deux arcs formerets le long
des murs latéraux, ces quatre arcs sont élevés verticalement suivant les côtés d'un
carré et surmontés chacun d'un second arc concentrique, dont les claveaux parti-
cipent des pendentifs. Nous avons figuré le profil de la courbe engendrant ces
pendentifs dont la surface, si elle était prolongée jusqu'en A, formerait un conoïde
complet ; la rencontre de cette surface avec les arcs, est indiquée en plan ; ces
arcs portent au-dessus de l'extrados un petit rang de claveaux saillants, qui

limite à l'œil la pénétration du conoïde, et cache le raccord des assises horizontales avec les claveaux inférieurs. Un bandeau fin et saillant coupe horizontalement le conoïde et sert de base à la coupole supérieure, qui n'est autre chose qu'une demi-sphère, dont l'appareil est donné en plan. Au XI⁰ siècle, les constructeurs avaient déjà fait des coupoles de ce genre, mais au moyen de blocages et sans appareiller les arcs supérieurs avec les pendentifs; outre que ce mode de construction était vicieux au point de vue de la stabilité de la voûte, dont une grande partie du poids se reportait sur des angles mal exécutés, elle ne présentait pas à l'œil une forme nette et précise. Conçues au contraire comme dans le cas qui nous occupe, ces coupoles offrent l'avantage d'une bonne construction, grâce à la combinaison des angles, qui, bâtis en pierre d'appareil ne peuvent pas s'écraser; de plus, elles sont d'un aspect monumental, et par leur forme se prêtent admirablement à la peinture décorative.

La planche (3) donne la coupe transversale, faite perpendiculairement à l'axe de l'église et complète la figure nécessaire pour faire comprendre la disposition de ce genre de coupole; sur cette même planche nous indiquons la coupe transversale du chœur, voûté par un berceau plein-cintre, surmontant une série d'arcs formerets qui déchargent les fenêtres et portent d'une colonne à l'autre. Ce petit édifice présente au point de vue du style, une certaine unité, et offre un aspect assez monumental; la façade principale (planche 2) est primitive, naïve même, mais néanmoins d'un bel effet; on y remarque, comme dans tout l'édifice, d'ailleurs, une abondance d'arcs de décharge, qui surprend à première vue, mais qui cependant s'explique; les constructeurs de cette époque n'ayant que de petits matériaux à leur disposition étaient obligés de donner aux murs une assez forte épaisseur, afin d'obtenir une liaison suffisante; en outre, ils cherchaient à économiser la matière et à décorer les surfaces; ils ont eu recours à des arcs de décharges, et ont fait ainsi preuve d'intelligence et de goût en ce sens que tout en satisfaisant à la question de convenance, ils ont su tirer parti du mode de construction et l'utiliser pour la décoration.

Certainement ce genre de coupoles des églises de la Charente, pourrait être appliqué aujourd'hui dans les localités où par suite de l'abondance de la pierre et de son prix de revient, les constructeurs sont amenés à voûter les églises. Ces voûtes n'ont été employées que lorsqu'il s'agissait d'églises à une seule nef, et pourraient difficilement l'être dans des édifices composés de trois nefs, non parce qu'il serait impossible de les poser sur des piles isolées, mais parce que ces piles devraient avoir forcément une section considérable relativement à la largeur des travées, et que, de plus, il faudrait prendre la naissance assez bas pour que les voûtes centrales fussent contrebuttées, ce qui entraînerait malheureusement à ne pas éclairer directement la nef principale au-dessus des bas côtés.

IMP. L. TOINON ET Cⁱᵉ. A SAINT-GERMAIN.

3

Nous présentons ci-dessous le détail d'une travée avec le cube des matériaux qui la composent.

Devis descriptif d'une travée.

DEVIS ESTIMATIF D'UNE TRAVÉE.	QUANTITÉS.
Maçonnerie pierre de taille	466^{mc},340
— moellon	83^{mc},160
Taille environ	2500^{ms},00
Dallage	44^{ms},00
Charpente	3^{mc},628
Couverture	69^{ms},00

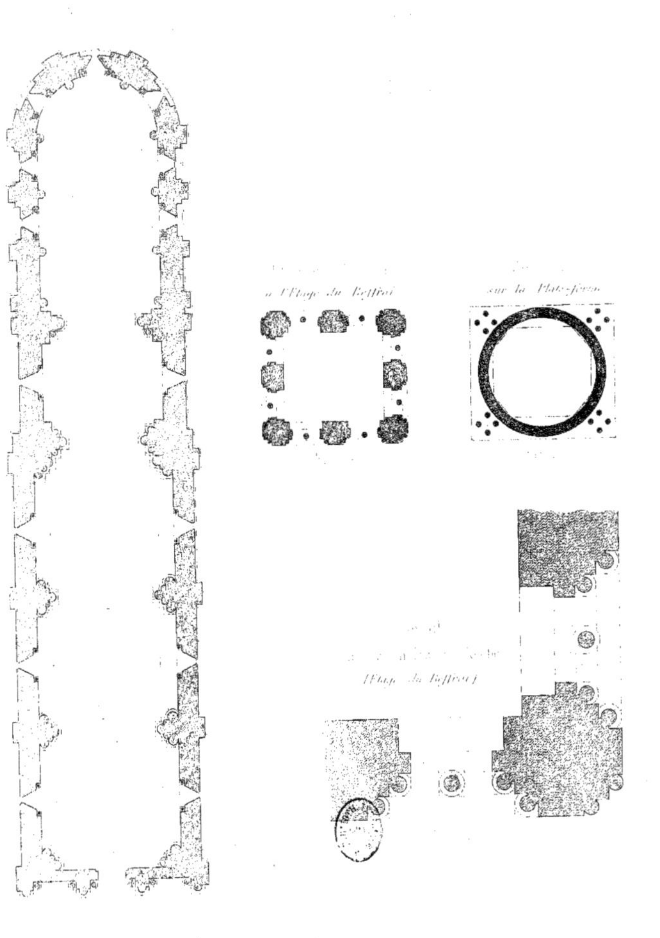
à l'Étage du Beffroi
sur la Plate-forme
l'Étage du Beffroi

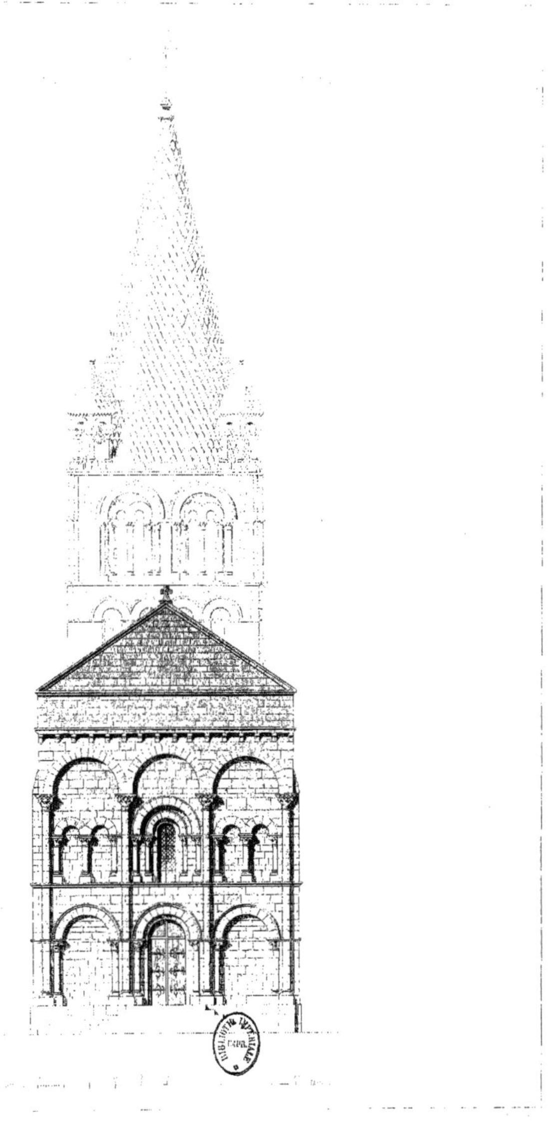

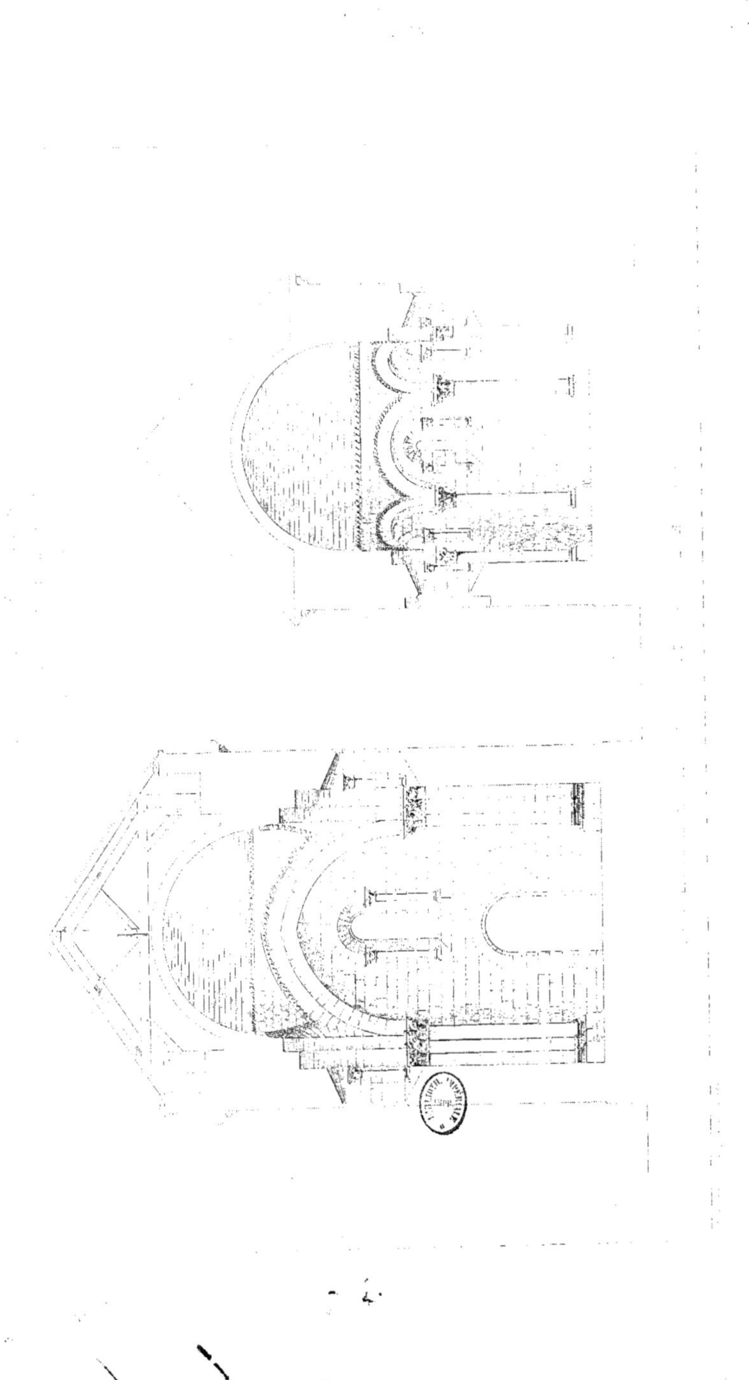

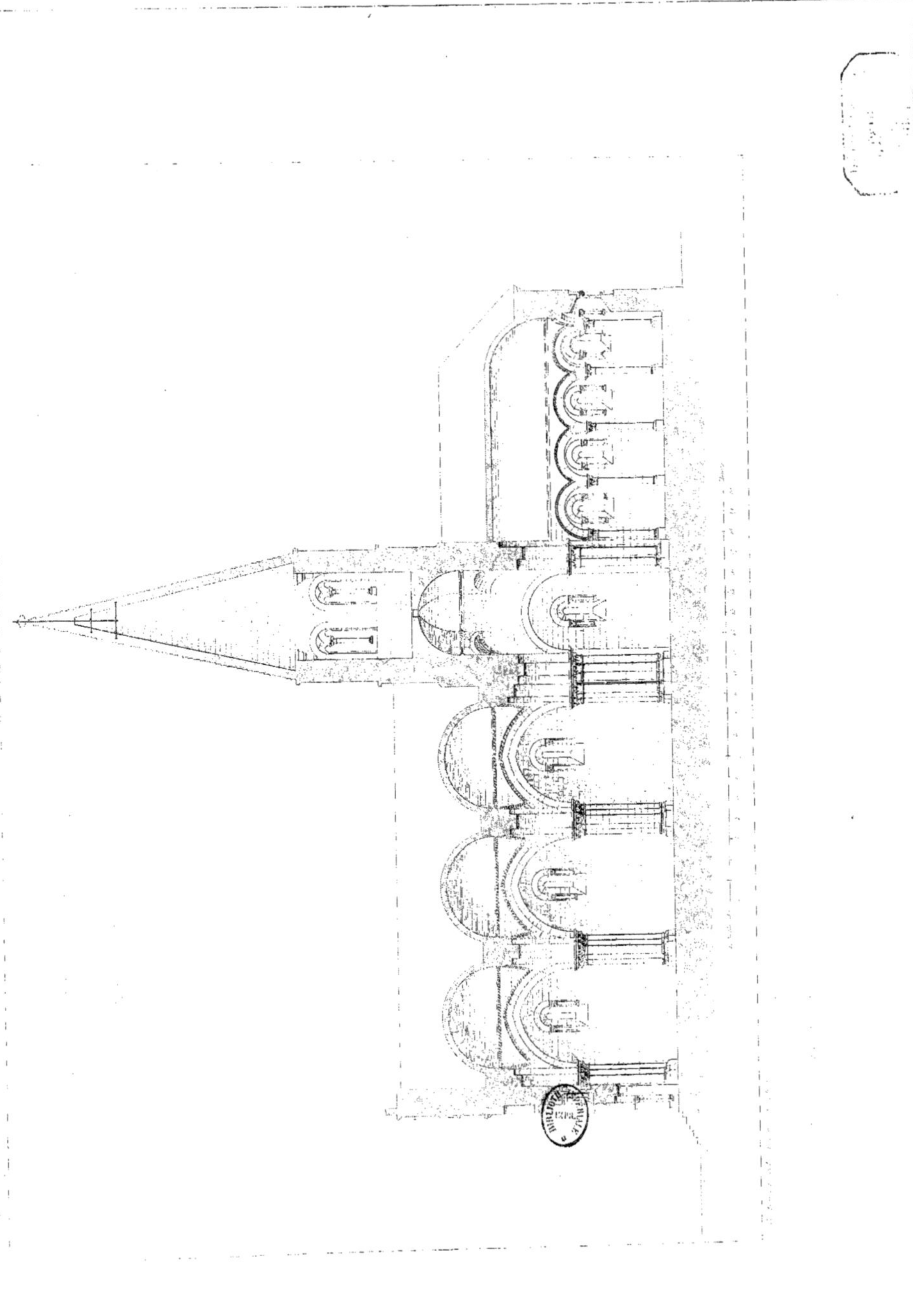

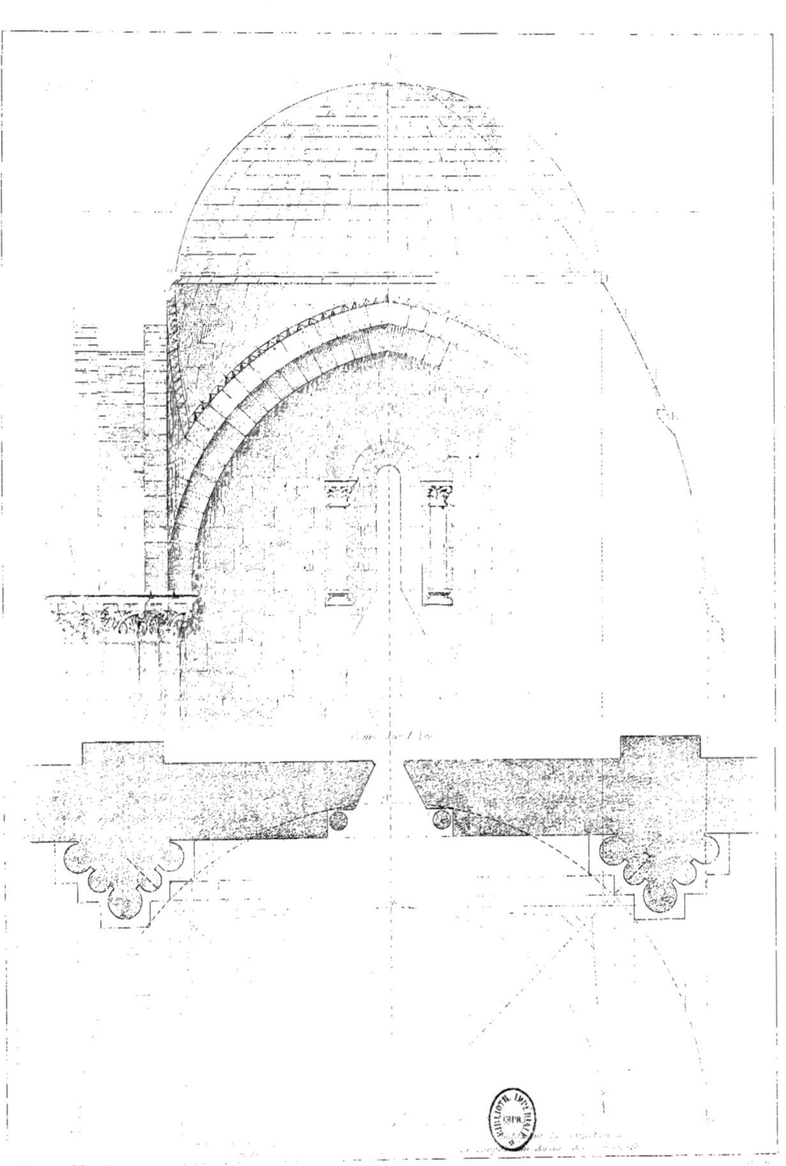

ÉGLISE DE MONTBRON

(CHARENTE)

Parmi les diverses exigences auxquelles l'architecte doit satisfaire dans l'étude d'un plan d'église, la disposition des chapelles exigées par le programme est un point qui présente de sérieuses difficultés. La chapelle de la Vierge, entre autres, possède, au point de vue du culte, une importance majeure; elle est l'objet, de la part des fidèles, d'une vénération toute particulière; elle doit donc, par conséquent, occuper une place spéciale, bien marquée, et qui ne permette pas de la confondre avec aucune autre chapelle. Aussi la place-t-on généralement à l'abside, dans l'axe principal de l'édifice derrière le maître-autel. Cette disposition, naturellement écrite, peut toujours être adoptée lorsqu'il s'agit d'une église qui possède des collatéraux tournant autour du chœur; mais dans une église de dimensions restreintes et ne renfermant qu'une seule nef, la difficulté est beaucoup plus grande. Aussi voyons-nous, dans presque toutes les églises de campagne, la chapelle de la Vierge placée le long ou à l'extrémité d'un transept et faisant pendant à une autre chapelle. Ce parti est banal; il n'est pas franc et ne répond pas à l'idée religieuse toute particulière qui s'attache à une chapelle dédiée à la Vierge. En un mot, l'idée n'est pas rendue, le programme n'est pas rempli.

De tous les plans d'églises à une seule nef que nous connaissions, celui de Montbron est certainement celui dans lequel ce point ait été le mieux compris; nous ne prétendons pas que la disposition soit irréprochable; mais, à coup sûr, elle peut donner une bonne idée et aider à résoudre le problème. Si, dans ce monument, nous supposons le maître-autel placé sous le clocher, les fidèles peuvent accéder à la chapelle de la Vierge située dans l'axe principal et aux quatre petites absidioles qui l'accompagnent, et qui renferment également des autels secondaires. A la vérité, la communication n'est pas largement entendue, l'espace est trop restreint entre les piles du clocher et les murs latéraux du transept; mais, en principe, cette disposition est heureuse et originale. Quant à l'abside elle-même, elle est admirablement comprise et produit, à l'intérieur comme à l'extérieur, un très-bel effet. La partie supérieure, tracée sur un plan circulaire, porte sur les arcs correspondants aux coupoles des chapelles, dont toute la combinaison lui sert d'épaulement ; elle est terminée par une coupole demi-sphérique qui est accusée extérieurement et domine les absidioles. Chacune des parties de cet ensemble est couverte par un comble particulier composé de dalles. Les transepts sont aujourd'hui dénaturés et couverts par des combles en appentis ayant leurs faîtages le long du clocher ; nous avons, dans cette monographie, reconstitué la disposition primitive et rétabli les combles à deux égouts terminés par des pignons s'arrêtant à leur base sur une corniche régnant avec celle de la partie haute du chœur. Le clocher porte sur quatre piles isolées et se trouve épaulé par des arcs qui le réunissent aux murs du transept ; il est surmonté intérieurement d'une coupole à huit pans, dont quatre sont portés par des trompes, et deux rangs de corbeaux rachetant l'encorbellement : cette disposition est très-ingénieuse et d'un aspect monumental. A sa sortie des combles, le clocher redevient carré jusqu'à l'étage du beffroi, et repasse de nouveau à l'octogone, mais sur un plan irrégulier, c'est-à-dire que quatre des pans sont plus petits que les autres : ce parti n'est pas heureux et donne à la portion supérieure du clocher une forme indécise et molle. Quant à la nef, elle est voûtée par un berceau plein cintre en maçonnerie, renforcé de distance en distance par des arcs doubleaux retombant sur des colonnes engagées. Les jours qui éclairent l'intérieur de la nef et de l'abside sont rares et étroits ; aujourd'hui, ils nous paraîtraient certainement insuffisants. Quoi qu'il en soit, et malgré les divers défauts qu'on puisse reprocher à ce petit édifice, il mérite d'être connu. Pourrait-il être reproduit tel qu'il est ? Certes, non ; mais il présente, assurément, au point de vue de l'étude, un véritable intérêt, et renferme, sous le rapport de la construction et de la combinaison générale du plan, des dispositions qui peuvent être mises à profit.

DEVIS	QUANTITÉS.
Maçonnerie des fondations en moellon brut sur un mètre de hauteur moyenne.. Cube.	246^m,85
Moellon piqué sur les faces extérieures et intérieures de tous les murs en élévation au-dessus des fondations parement de 0^m,30 en moyenne, déduction faite des vides et de la pierre de taille.. Cube.	1054^m,72
Pierre de taille, comprenant toutes les baies, arcs, colonnes de la nef et de l'abside ainsi que les grosses piles supportant le clocher...................... Cube.	316^m,44
Maçonnerie de moellon brut en élévation au-dessus des fondations, déduction faite des vides, pierres de taille et moellon piqué......................... Cube.	1064^m,37
Voûtes en moellon d'une épaisseur moyenne de 0^m,35................... Cube.	497^m,95
Dallage du sol de l'église. Surface totale.................................	442^m,22
Couverture de l'abside. Dallage.................................... Surface	152^m,95

IMP. L. TOLMON ET Cie. A SAINT-GERMAIN.

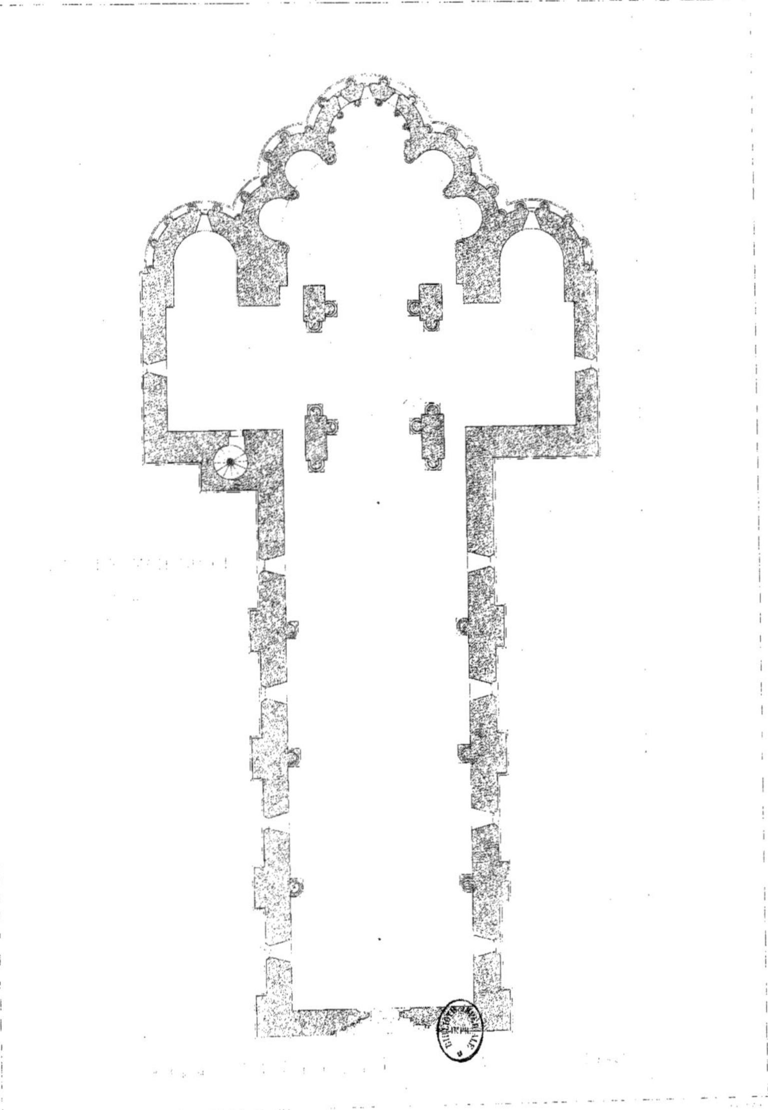

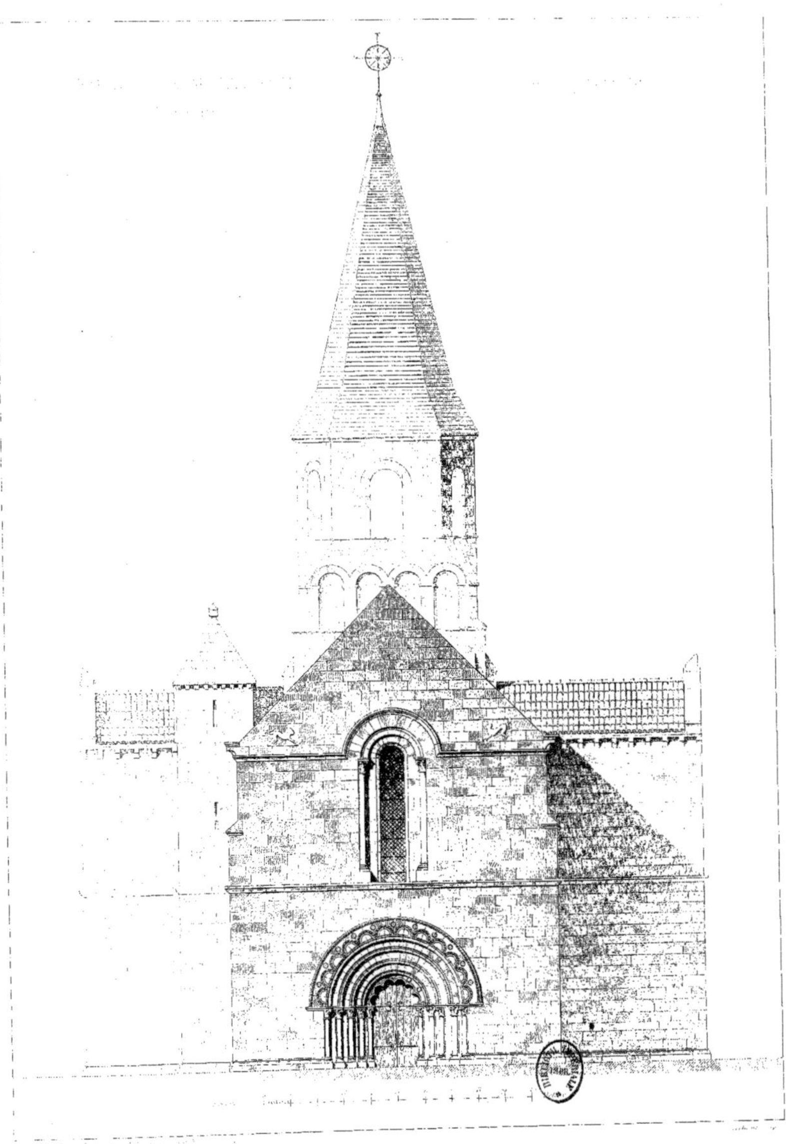

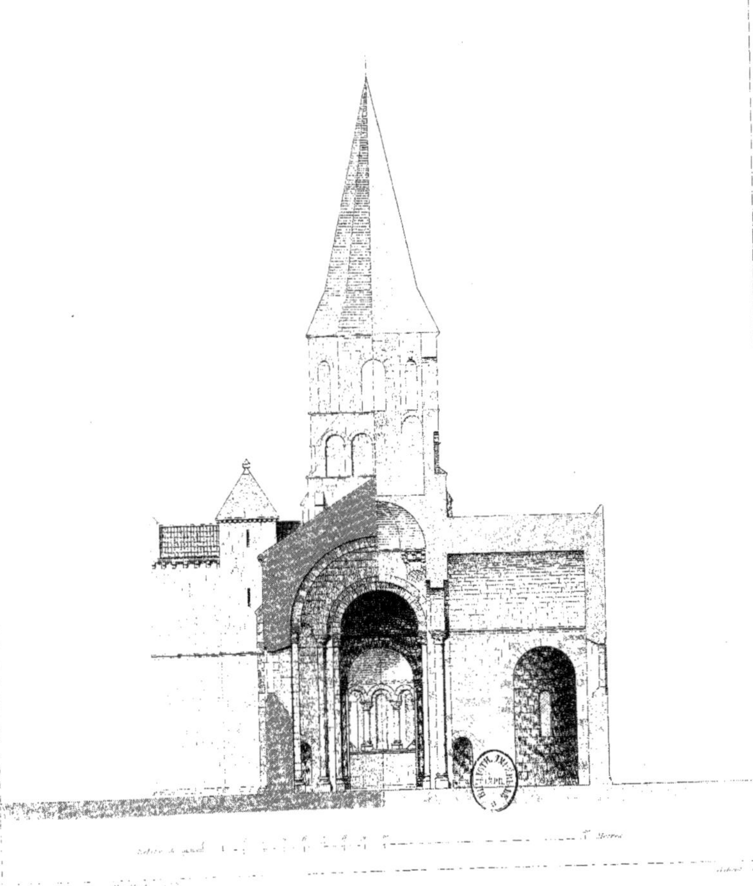

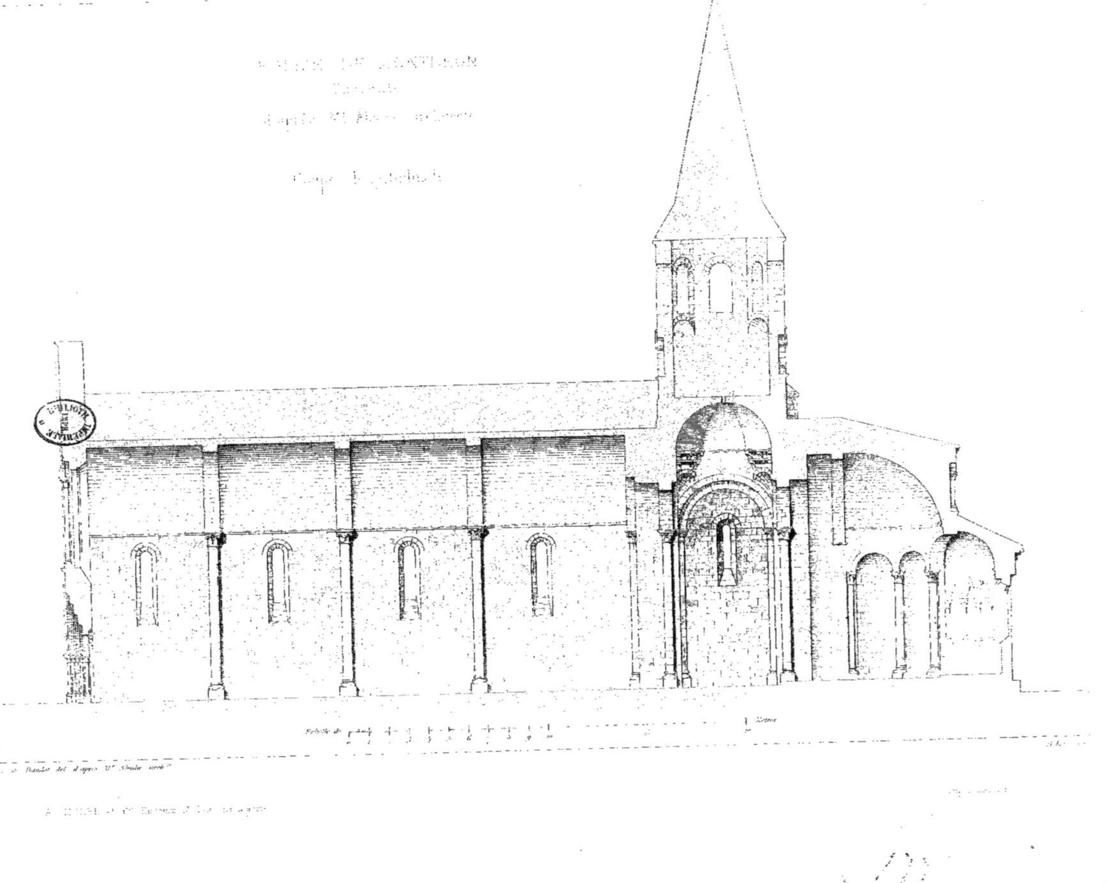

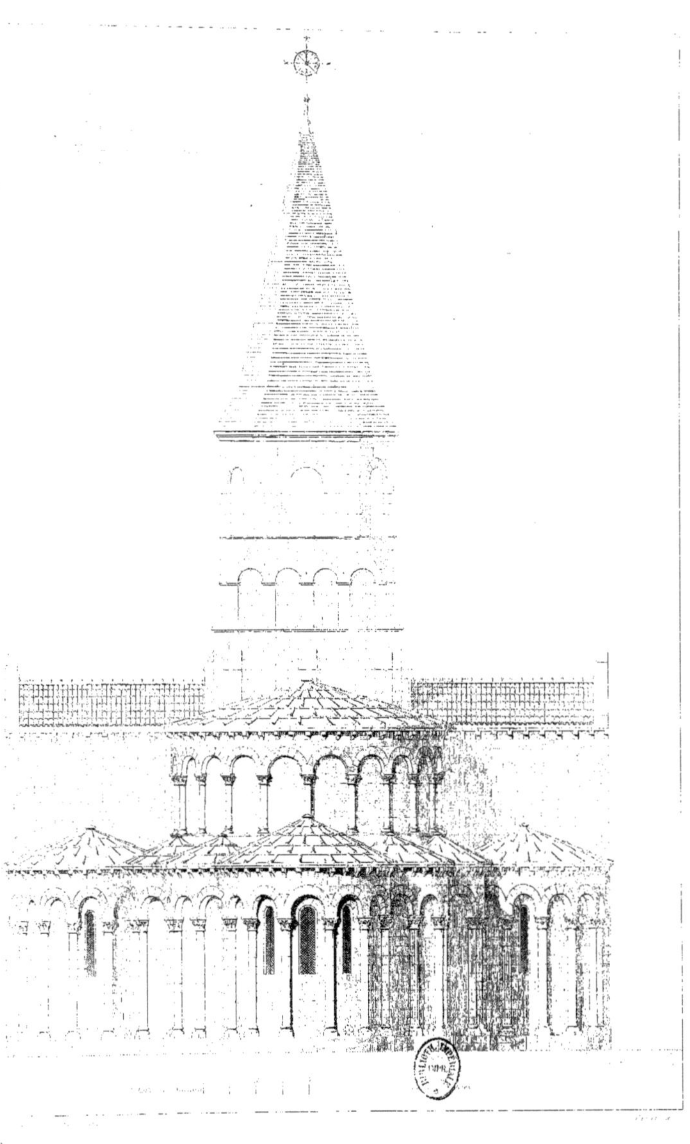

9 782329 433